◎中国现代文化世家丛书（第二辑）

主　编　詹福瑞　党圣元　张鸿声
执行主编　骆玉安

世代儒风绵延久
——东至周氏家族文化评传

王忠和　著

国家出版基金项目
NATIONAL PUBLICATION FOUNDATION

郑州大学出版社

图书在版编目(CIP)数据

世代儒风绵延久:东至周氏家族文化评传/王忠和著. —郑州:郑州大学出版社,2015.9

(中国现代文化世家丛书. 第2辑)

ISBN 978-7-5645-2370-1

Ⅰ.①儒… Ⅱ.①王… Ⅲ.①家族-文化研究-中国 Ⅳ.①K820.9

中国版本图书馆CIP数据核字(2015)第170960号

郑州大学出版社出版发行
郑州市大学路40号　　　　　　邮政编码:450052
出版人:张功员　　　　　　　　发行电话:0371-66966070
全国新华书店经销
河南省瑞光印务股份有限公司印制
开本:710 mm×1 010 mm　1/16
印张:12.25
字数:183千字
版次:2015年9月第1版　　　　印次:2015年9月第1次印刷

书号:ISBN 978-7-5645-2370-1　　定价:36.00元

本书如有印装质量问题,请向本社调换

中国现代文化世家丛书
编辑委员会名单

◎

主　　编：詹福瑞　党圣元　张鸿声
执行主编：骆玉安
成　　员：(以姓氏笔画为序)
　　　　　马　达　王同毅　王莉娟
　　　　　王振羽　王　锋　孔庆茂
　　　　　叶　新　冯保善　刘士林
　　　　　刘成纪　刘运来　苏克勤
　　　　　李风宇　李道魁　吴　昕
　　　　　何晓红　沈卫威　张志林
　　　　　张鸿声　张　霞　赵金钟
　　　　　骆玉安　凌　青　党圣元
　　　　　徐　栩　黄　轶　詹福瑞
主编助理：丁玉红　侯晓莉

·代总序·

跨越时空的文脉

○

在中华民族五千年的文明史上,"家"与"国"总是作为一个不可分割的社会有机体相伴而存。历史的长河滚滚向前,更迭不已的朝代衍生的名门望族难计其数。这些显赫家族中的一部分在繁衍存续中以文化为纽带,形成独特的群体,成为文化世家。这些文化世家及其杰出人才为华夏文化的传承与发展发挥过巨大的示范作用,在一定程度上影响着中国历史与文化发展的进程。如,齐鲁大地上以孔子肇始的孔氏世家,享誉儒林两千余年,堪称"中国第一文化世家";义宁的陈氏家族以陈宝箴、陈三立、陈寅恪而负盛名;杭州钱塘的钱氏家族,因千余年来文风昌盛、人才辈出而被誉为江南望族;安徽桐城方氏家族,自明末至今一直享誉文坛,有"中国近世三百年第一文化世家"之称。

改革开放以后,特别是20世纪90年代以降,中国进入新的文化复兴时期,国人比以往任何时代都更加重视科技、教育和文化,也更加珍视人才。事实表明,代表先进文化最高水平的社会群体,正是那些位居学术最高领域的专家、学者等文化精英。中国现代转型以来,那些文化、思想领域的领军人物,对推动社会变革和学术创新等方面贡献巨大。研究发现,这些专家、学者和精英人物,大都出身于文化世家,有着良好的家庭文化背景和丰厚的学养。文化世家所呈现的人才辈出的现象,成为中国现代史上一道亮丽的景观。

在我国文化典籍中,"世家"一词早有所见,其注解也多有不同。《孟子·滕文公下》中出现"仲子,齐之世家也"①之说;《史记》以"世家"记述王侯诸国大事,有《世家》30篇;欧阳修所撰《新五代史》,沿用司马迁《史记》的体例,书中也开举《列国世家》10篇。我国古代王侯开国,子孙世代承袭,所以称世家。后来,人们将世代显贵、以某种专业世代相承的家族或大家泛称为世家。《现代汉语词典》对"世家"有如下3种解释:"封建社会中门第高,世代做大官的人家""《史记》中诸侯的传记,按着诸侯世代编排""指以某种专长世代相承的家族"。②

根据研究和多方因素理解,"世家"当指有特殊职业或专长、社会地位显赫,或代表某一领域、阶层特色并世代传承的家族。考虑到文化的特殊性,文化世家则是文化在家庭、家族中长期积淀,并经过多代人不断赓续、传承而形成的特有文化现象,是以家风、家训、家教等文化单元为标志,以家族杰出人物群体为代表的世代相传的家族体系。

现代文化世家则是源自19世纪末,成长于20世纪初,繁盛于20世纪中期并延续至今的,以家族文化传承为基本特色的不同家族的集成。中国现代文化世家总是以家族的一个或多个、能够影响或引领某一时代或某一领域发展的杰出人物为代表,进而形成一个具有浓郁的家族特色、对社会产生广泛而重要影响的群体。

中国现代文化世家的兴起和成长大致在19世纪末、20世纪初至今100年左右的时间。历史地看,20世纪以来的中国文化留给我们许多值得深思的空间。1840至1949年这段充满屈辱的历史,国人经受的痛苦是空前绝后的;然而,这一时期的中国却呈现出文化多姿、人才辈出的局面,所谓"国破山河在,家脉代代传"。这是中国根亲文化的魅力和生命力之所在。

---

① 《孟子》,北京:中华书局,2006年第1版,第142页。
② 《现代汉语词典》,北京:商务印书馆,2012年第6版,第1185页。

实际上,中国现代文化世家的家族脉络根须还可以上溯至300多年前的明末清初时期。那时,中国开始出现资本主义萌芽。商业资本的发达不仅带来经济繁荣和人口大量流动,也促使人们思想的开放和转变。封建的小农经济依然占统治地位,人们在获取有限的物质满足后,在精神上也有了更加新异的追求。特别是到了清朝末年和民国年间,西方列强的入侵和洋务运动的助推,让许多有钱人家对家族的振兴和子女的抚养有了颠覆性的认识。尽管"学而优则仕"的思想根深蒂固,但富家子弟求学读书并非单一的科举及第。由于视野的开阔,富裕人家往往不惜重金聘请名师对子女进行一对一的培养,或让年幼的子女体面地进入私塾,或挤进洋人的教堂,甚至远渡重洋,为的是让子孙后代冲出家门,获取更加宽阔的人生发展空间,去施展抱负,光宗耀祖。这样,官富子弟不仅躲避了战乱的袭扰,更能浸染异域文化,从而成就了大批人才。

晚清至民国时期,中国经历了前所未有的动荡局势。一方面,清廷的腐败无能引起民众造反;另一方面,外族入侵加剧了中国的贫弱。社会贫富悬殊,阶层急剧分化。当时的局面是,寻常百姓不仅生活窘迫,甚至生死难测;富豪家族生活安逸,甚至花天酒地,更可破财消灾,让自己的子弟躲避人祸,享受现代优质教育。即使是割据一方的军阀,也往往处心积虑地让自己的亲属弃武从文,期望发迹于文化世家。时局动荡,社会倒退,却难以遏制文化的萌动与繁荣。而乱世时期的富家子弟往往不乏有志之士,他们倾心文化功名,客观上造就了家族文化的繁荣,使文化世家风起云涌。

从人才学的角度进行考察,文化世家的整体成长往往又伴随国运兴衰而行,其历程也往往变幻纷呈,瑰丽多姿。中国的历史就是这么怪异,有时越是动荡不安,文化越是奇异多姿。春秋战国时期是这样,三国两晋南北朝时期是如此,近代的清末民国时期也概莫能外。

20世纪初,中国最后一个封建皇帝被赶出宫廷,伴随频仍的天灾和人祸(战乱和政治腐败),裹挟中西文化泥沙的巨浪席卷中国大地,中国彻底沦为半殖民地半封建社会。民国时期虽时局动荡,军阀混战,但文化却一直未能断裂,反而出现极度繁荣的景观。这一时期,军阀的利益、地盘纷争不断,文化的发展空间相对宽松;军阀的粗野庸俗,反而衬托出文化的精细高雅与尊贵,追求风雅成为时尚,文人地位也随之攀升,这在客观上促进了人才成长和文化繁荣的局面。现有史料足以证明,即使在1928年那样战火纷飞的动荡年月,成立伊始的国民政府"中央研究院"仍然做着遴选院士的长远计划,并终于在20年后的1948年成功地评选出中国首届81名院士。首届院士不乏文化世家子弟,如梁思成、梁思永兄弟,冯友兰、冯景兰兄弟等。这一现象值得我们研究和探讨。

1949年中华人民共和国的成立,标志着一个新时代的到来。由于时局稳定,加上国家恢复生产和经济建设都亟需大批各行各业的人才,许多流亡于海外的专业人才(多为旧时代文化世家子弟)纷纷回国。他们在参加新中国建设的同时,因为其卓越成就和高尚品德,成为科技文化领域的典范,从而使家族文化成为优化社会环境的重要因素,促进了家族文化繁荣时期的来临。随着时局的动荡变迁,特别是"十年动乱",许多家庭遭遇灾难,甚至出现家族内部政治斗争,相互陷害,亲情无存、文化割裂;加上中国计划生育政策的实施,家庭结构的变化,家族文化遭遇内外夹击,影响了家族文化的繁荣与发展。时至今日,已经难以见到中国传统家庭四世同堂、子孙满院的格局,而文化的一度断裂,也从根本上影响了文化世家的发展,我们也很难见到20世纪中期那样的文化世家了!

沉舟侧畔千帆过,病树前头万木春。20世纪90年代至今,随着科教兴国战略的实施,中国对科技和人才的重视程度前所未有,迎来了科技发展和人才成长的最佳机遇。同时,随着时局的稳定,和谐社会的发展,人们在享受现代科技带来的现代化便捷生活的同时,也渴望回归自然,怀念旧日民族文化传统。从20世纪乡土文学受到热捧,到同乡会、同学会、恳亲会、姓氏寻根、家谱赓续等活动,无不带有浓郁的中华民族传统文化色彩,同时也为家族文化的凝练创造了良好的氛围。中国家族文化在和谐发展的当世焕发出勃勃生机。

随着人类社会的不断进步,家族文化必然也会有新的发展,虽然嫡亲家族还需等待时日,而松散的家族联系必然也能够成就新兴的文化世家,成为新的人才成长的独特环境。况且,随着国家计划生育政策的调整和综合国力的不断增强,人们生活水平的不断提高,和谐社会的健康发展,新时期中国文化世家也必然会以新的形态呈现并在人才成长链中发挥出榜样和示范的作用。

中国现代文化世家根植于中华民族的肥沃土壤,深受民族文化浸润,有着鲜明的特色。

中国现代文化世家中的家族文化根基源自中华民族传统文化。我们选入的所有现代文化世家,都弥漫着中华民族的文化氛围。不管是新会的梁氏家族,还是无锡的钱氏家族,或者是唐河的冯氏家族、湘乡的曾氏家族、义宁的陈氏家族,他们首先是以中国传统文化为主要特征的书香门第。这些家族的杰出人物不仅有着良好的家风和深厚的家学渊源,而且其中的杰出代表人物从私塾开始多有大师引路,并大都出国留学,深受异域文化的影响,可谓学贯中西,所以在他们身上总能闪现出新异文化的光芒,通透着文化的锐气。如东至周氏家族中的周一良,在其出生的次日,母亲萧琬即患急病猝然离开人世,幸被父亲周叔弢的德国朋友、牧师卫礼贤抱回家让夫人用牛奶喂养了一年才送还周家,再由周一良的三姑母(旧式的文化女性,孀居而又无子女)扶养。周叔弢对儿子煞费苦心,不惜重金请来名宿大儒坐馆家塾。周一良的老师如张惹、毓康、温肃、唐兰等,或为当世鸿儒,或是文化名流,或与"大清天子同学少年"(陈寅恪语),而且还有外籍教师教学外语,使其通晓英、德、日等国语言,后来他成为中国著名的历史学家。又如,义宁的陈氏家族中,陈寅恪是中国现代最负盛名的诗人之一,还是中国现代历史学家、古典文学研究家、语言学家,被称为"清华百年历史上四大哲人"之一。其父陈三立是著名诗人、"清末四公子"之一;其祖父陈宝箴曾任湖南巡抚。因陈寅恪身出名门而又学识过人,在清华任教时被称作"公子的公子,教授之教授"。

综观中国现代文化世家展示的家族文化,有着明显的世代传承特色。每一个家庭中的杰出人物都不是单打独斗的,而是呈现出群英荟萃、相映生辉的局面(这一点在梁启超的子女中展示得更加明显)。他们或是科举精英,或是乱世怪才,有人甚至当上了皇帝的老师(翁同龢曾是同治、光绪两代帝师)。这些家族成员文化层次极高,职业新潮,特色明显。比如东至周氏家族中的周馥为一品监生,周学海为两榜进士的良医,周学熙曾任民国时期的财政大员,周明夔(叔迦)为佛学大师,周绍良是著名的红学家、敦煌学家、佛学家、收藏家和文物鉴赏家,周一良是著名的历史学家。又如新会梁氏家族中梁启超自然是国学大师,他的子女梁思顺、梁思成、梁思永、梁思忠、梁思庄、梁思达、梁思懿、梁思宁、梁思礼等,也都成为当世英才。再如唐河冯氏家族的冯沅君、冯友兰、冯景兰、冯宗璞分别在文学、哲学、史学、地质学等方面成就卓著。这些代表人物堪称时代精英,他们从事的职业、徜徉的领域都留下了时代光辉;他们的成果都能够荣登当世的最高境界。他们身上的人文精神也成为时代楷模,激励了一代甚至数代人在人生的道路上健康成长,并在后人的追捧中不断发展、完善。

中国现代文化世家中的家族动辄几十甚至几百年的家族史,在当地声名显赫,德高望重,也大多恭行自律,家教严谨,讲究门风,形成独特的家训。如无锡钱氏家族的"姓钱但不爱钱",常熟翁氏家族的"读书""为善",湘乡曾氏家族的"耕读传家"等。中国现代文化世家以姓氏血缘为纽带,各个家族都有自己严格的宗祠家谱,家族特色明显;重视独特文化的凝练和世代延续,在传承中注重创新。如湘乡的曾氏家族能够在继承中兴名将遗风的同时,不仅人才辈出,还使良好的家风得以传承和创新。家族文化的兴衰与家族精英关系密切,一个家族的文化兴盛与衰落往往都离不开精英人物引领潮头、发扬光大。

中国现代文化世家的兴盛年代处于晚晴、民国向现代转型时期,许多世家穿插了家学深厚、贤良德高的优秀女性。旧式中国社会,虽说女性的地位总体不高,但人们往往又把家风的树立、门户的筑垒寄望于良家女子,所谓"妻贤夫祸少,子孝父心宽"。这些家族中的女性不仅践行家族文化,而且以卓越的成就承担起家族文化的传承与创新。那时,相对稳定的大家庭模式和女性主内的家庭管理方式,客观上给女性施展管理才能提供了平台。殷实的家境使妇女可以免于生计所迫,让她们安心在家操持家务,教育孩子;有些女性从幼年即经受先进文化的熏陶,接受良好教育,成为女中豪杰。同时,女性受到的良好教育形成更加浓郁的文化氛围,并通过生活中悉心关心幼年家庭成员,以其无微不至的人文关怀、女性崇高的品德和良好的言行举止,影响家族成员健康成长。

在家庭成员成长过程中,女性发挥作用最典型的当属曾氏家族中曾国藩次子曾纪鸿之妻郭筠(字诵芳)。郭筠一岁即由父亲郭沛霖(曾国藩好友)做主许配曾家,12岁不幸丧父,幼年已成曾家女主人。因忙于家务无暇读书,直到和曾纪鸿完婚郭筠才有饱读诗书的机会。更为不幸的是,郭筠34岁又丧夫成寡。令人钦佩的是,郭筠持家教子有方,成为曾家富厚堂拿得起放得下的第一夫人。在富厚堂,曾家子孙几十口人都听她的号令!郭筠写有《曾富厚堂日程》,并有以自己的艺芳馆书斋名目、王闿运作序而传世的《艺芳馆诗存》。郭筠晚年立有6条"家训",策勉男女儿孙谋求自强自立,同时不要求年幼女性缠足,不赞成八股文章,也不愿孙辈去考秀才,却要他们学外国文字,接受新式教育。[①] 正是曾家有了这位贤惠的郭夫人,使得曾氏家族能够在曾国藩等长辈虽过世经年仍然呈现一派繁荣昌盛的景象,并且这种景象在传承曾国藩治家精神的同时,又有新的、与时俱进的历史性转变。

中国现代文化世家开放的文化心态使得家族文化深受异域文化侵染,形成文化锐度,易于人才的脱颖而出。由于其时间跨度正处于中国社会的转型时期,时局的动荡、中西文化的碰撞,彻底颠覆了国人一贯的保守矜持、故步自封的性格,生存的需要逼迫他们在被动了解西方文化(其实早期更应该是科学和宗教文化)的同时,审视中国传统文化。他们发挥了自己的聪明才智,溅出奇异的光华,形成高锐度的思想和科学成果。这样,这些家族的子弟往往能够在同一时代、同一群体中或特立独行,或鹤立鸡群,或脱颖而出。

中国现代文化世家的精神动力来自兼容并蓄的开放心态和中西贯通的文化精神,这种精神催生人才的花丛枝繁叶茂;同时,其宽阔的文化视野形成兼容并蓄的文化发展路径,从而使得家族文化总能跟上时代的步伐,文化生命力强健。经济实力的增强往往能够带动精神境界的进一步提高,国家是这样,民族是这样,家庭也同样如此。成长于跨世纪的中国现代文化世家,由于世代显赫,随着经济、政治地位的提高和家族影响力的增强,其文化心态也逐步开阔。其家族代表不仅对中国传统文化批判、

---

① 岳南:《南渡北归.南渡下》,长沙:湖南文艺出版社,2013年第1版,第521~522页。

审视和合理吸纳，也同时关注西方文化，做到兼容并蓄；同时，新的事物、新的思想也成为他们的关注对象。所以他们总能成为时代的弄潮儿，紧跟时代步伐，在守成的同时不乏创新，使家族文化具有极强的生命力。现代文化世家群体彰显的中国家族文化，是中国现代文化的主要组成部分。其涵盖的勤奋进取、艰苦奋斗、自强不息、爱国爱家、亲情友谊等人类先进文化的重要因素，将贯通时空，成为民族富强、家庭兴旺、个人成才的重要动力。

"中国现代文化世家丛书"已列入国家出版基金项目。根据策划者的总体目标，这套丛书要汇集20~30个在中国现代史上文化渊源比较深厚、影响力巨大的家族。这是一项内容丰富、任务艰巨的工程。为兼顾学术高度，丛书所选作者大都在各自承担家族传主的研究方面积累有丰富的史料和扎实的学术功底，具有较强的书稿撰写和文化品位把握能力。在承担丛书任务时，他们对前人已有的研究成果认真梳理，并多有创新。这些，都为丛书的品牌形成打下了坚实的基础。

"中国现代文化世家丛书"将影响中国现代历史进程的文化世家集中整理并大规模展示，以史学和传记文学的视角进行研究，意义重大。以家庭作为社会细胞进行文化解剖，以大量鲜活的中国现代杰出人物群体和翔实的史料展示跨世纪文化环境，表现健康向上、和谐进步的优秀文化，必将丰富和创新社会主义先进文化内容，对整个社会产生积极的影响。以展示影响中国历史的文化家族及其杰出人物群体为追求目标，不仅对国人产生示范效应，在世界范围内也会引起关注，从而丰富国际文化内涵，具有更加长远的文化战略意义。以时代、家族、人物作为研究、建设和传播中国文化的方法和路径，不仅创新了文化研究和文化传播的方法，也为民族文化的传承与创新提供了参考依据。深刻挖掘家族文化的伦理内涵、凝练和传承家族文化中的传统文化、通过家族文化与现代文化的冲突与融会，能够全新缔造中国人文精神，丰富国学内涵，推动民族文化复兴。

文化世家中的家族文化是中华民族优秀传统文化的重要组成部分，它源自中国传统文化，又富于创新，是民族文化传承创新的重要典范。从目前关注的这些文化世家看,其之所以能够在所处时代世代显赫,最重要的原因是这些家族沉淀了最精华的民族文化,吸收了最富于生命力的民族精神;同时,这些家族往往又能够冲破中国传统文化藩篱,吸收异域文化精华,其家庭成员往往能够进取守成,跨世系、跨时代延续发展。可以毫不夸张地说,中国现代文化世家的存在和发展,最典型地体现了中国文化的传承与创新。

中国现代文化世家展示的人才群体及其依存的文化形态,是国家和谐文化建设的重要载体。文化世家在历史上的成长和发展,曾经为中国社会的和谐稳定以至崛起发挥重要作用,也是传统文化中不可或缺的构成要素。这些家族中优秀人物的荣辱沉浮以及家族的兴衰变迁,从一个侧面展示中国近代社会发展的轨迹,透视了中国知识分子忧国忧民的心路历程。我们完全可以通过中国现代文化世家的发展史去了解中国社会生态发展演变的梗概和脉络。

家庭教育、家族文化传承及其凝成的文化环境等对培养和造就杰出人才的重要作用,传承和创新民族文化,在更广阔视野下探寻优秀文化对人才的影响,都是当今不可忽视的文化命题。"中国现代文化世家丛书"首次以家族文化的形式作为切入点,系统挖掘中国传统文化和世界先进文化碰撞产生的独特文化,探究在这一背景下的中国家族文化及其对人才成长、家族兴起、国家富强的影响,推动我国学界对中国现代家族文化的重视和研究,其学术意义非同寻常。

党和国家领导人高度重视包括中国优秀传统文化在内的先进文化建设,确定了文化大发展大繁荣的宏伟目标,肯定了家族文化等优秀传统文化在"文化强国"战略中的基础性地位,倡导传承与创新文化。2013年9月26日,习近平总书记在会见第四届全国道德模范及提名奖获得者时说:"中华文明源远流长,蕴育了中华民族的宝贵精神品格,培育了中国人民的崇高价值追求。自强不息、厚德载物的思想,支撑着中华民族生生不息、薪火相传,今天依然是我们推进改革开放和社会主义现代化建设的强大精神力量。"2015年2月17日,中共中央、国务院在人民大会堂举行春节团拜会,习近平同志发表重要讲话,他明确指出:"中华民族自古以来就重视家庭、重视亲情。家庭是社会的基本细胞,是人生的第一所学校。不论时代发生多大变化,不论生活格局发生多大变化,我们都要重视家庭建设,注重家庭、注重家教、注重家风,紧密结合培育和弘扬社会主义核心价值观,发扬光大中华民族传统家庭美德,促进家庭和睦,促进亲人相亲相爱,促进下一代健康成长,促进老年人老有所养,使千千万万个家庭成为国家发展、民族进步、社会和谐的重要基点。"党的十八大报告中明确指出,"文化是民族的血脉,是人民的精神家园。全面建成小康社会,实现中华民族伟大复兴,必须推动社会主义文化大发展大繁荣,兴起社会主义文化建设新高潮,提高国家文化软实力,发挥文化引领风尚、教育人民、服务社会、推动发展的作用"。中共中央十七届六中全会通过的《中共中央关于深化文化体制改革推动社会主义文化大发展大繁荣若干重大问题的决定》也特别强调:"优秀传统文化凝聚着中华民族自强不息的精神追求和历久弥新的精神财富,是发展社会主义先进文化的深厚基础,是建设中华民族共有精神家园的重要支撑。"

我们试图通过"中国现代文化世家丛书"的出版,并通过遴选出来的在中国现当代具有代表性的文化家族群体,挖掘中华民族传统文化中的精髓,展现中国文化在近代社会的传承与发展,厘清中国传统文化血液流淌和分布的脉络,进而为当下的文化大繁荣大发展提供有益的借鉴和参考,为实现中华民族复兴的梦想发挥积极作用。

骆玉安

2013年10月一稿,2015年8月修改于郑州

目录

第一章
一品监生天下步——周馥

一、家学传承 …………………… 1
二、"浊流"不浊 ………………… 3
三、治理水患 …………………… 5
四、参与新政 …………………… 7
五、进退有据 …………………… 10
六、方面大员 …………………… 14
七、不事民国 …………………… 19

第二章
两任总长理国财——周学熙

一、科场蹉跎 …………………… 24
二、另辟蹊径 …………………… 26
三、直隶新政 …………………… 30
四、两任财长 …………………… 48
五、晚年 ………………………… 52

第三章
儒商从政藏书家——周叔弢

一、儒学为本 …………………… 57
二、实业救国 …………………… 60
三、从政为民 …………………… 65
四、拯救文化 …………………… 72
五、养生有道 …………………… 80

第四章
原来毕竟是书生——周一良

一、家塾出身的大学者 ………… 84
二、从东方走到西方 …………… 87
三、蹉跎岁月 …………………… 98
四、从阶下囚变为座上客 ……… 104
五、终于找回了自我 …………… 115

第五章
周家代有英才出

一、周馥的其他子女……… 121
二、周学熙的儿子们……… 126
三、周叔弢的兄弟子侄……… 131
四、周一良的弟妹们……… 139
五、穆旦——查良铮……… 140

第六章
周氏家族文化的特色及其成因

一、士大夫之家……… 167
二、徽州理学之家……… 171

参考书目 ……………………………… 178

第一章 一品监生天下步 —— 周馥

一、家学传承

安徽省西南部的东至县，位于长江南岸，地处安庆的正南，乃安徽第三大县，是个山清水秀的地方。这里古称"尧渡"，据说境内的大历山是帝舜微时躬耕之地。尧帝打算传位给舜，便先行私访考察舜的德行，一路行来在此渡河，因此得名。联想到山东济南古称历下，据说是帝舜微时耕田的地方。尧欲私访在山东的舜，怎么会在皖南渡河？说来令人不解——其实中国的许多古迹都不过是附会而已，不必深究。后来，其地更名为东流，而后又有至德、建德、秋浦之称，直至现在称东至。

至德周氏世居县城东门外的纸坑山，其始祖可远溯至东周时期，一直并无显赫之名声。传至第三十四世周访，在唐高宗时曾任中丞。天授元年（六九〇）武则天改唐为周，为表示抗议，周访从徽州（今歙县）婺源，迁至秋浦纸坑山，是为建德周氏的始祖。又传至六世祖周繇（八四一——九一二），于咸通年间考中进士，官至御史中丞，有诗名，赢得"咸通十哲"之誉，周繇与其弟周繁并称"二周"。不知从哪一代开始，周家辈分按照"国之有大文,礼乐光宗学,明良启俊贤,赞育庆咸若"排序,不过后来也有许多周氏子孙,并不完全依照这个"按字排辈"的规则。例如在清末官至两广总督的周馥,本该是"宗"字辈,他却叫周馥;还有他的孙子周叔弢,应是"明"字辈,可是他们兄弟五人的名字,也都把"明"字免去了。

周馥(一八三七——一九二一),原名宗培,字玉山,号兰溪,这是因他家屋后有一玉峰山,门前有一兰溪水,放在字号之中,以示不忘本的意思。他的曾祖父周礼俗因经商致富,有田产、茶山若干。到他父亲周光德时,家道稍落,但仍可算小康之家。周光德常年在外,周馥随母亲侍奉祖父母在家,颇像现今的留守儿童。周馥自小体质较弱,母亲对他呵护有加但并不娇纵,从四岁就教他识字。因为周家一贯的教育思想是"以诗书培其脉,以勤俭植其基",也是注重德智体全面发展的意思,所以周馥除平时随祖父读书外,农忙时也上山砍柴、采茶,下田插秧、收稻,农闲时才入塾读书。周馥自幼被父亲教导苦练写字——字写好了既关"品性",又关"福泽"。为了循名家之路,父亲为他买来颜、柳、欧各大家的名帖。因此周馥练就了一手好字,且七岁已经粗通经典。周馥八岁入学,十三岁时步行七十余里,受业于儒生王应兆(字介和)。王看他聪敏、诚实,极为欣赏,故减收其束修,还特许他住在学馆内。周馥十六岁时就写得一手漂亮的毛笔字,因此人们常请他写寿序、祭文及状纸等。这时,家里为他捐了一个监生(秀才),并送他去坐馆教书。

周馥十分感谢王介和先生在他少年时对他的教诲,让他终身受益,晚年曾作诗:

  眼底龙猪一见分,提携望我上青云;
  廿年兵火悲生死,几辈风霜守典坟。
  韩信千金酬漂母,魏徵十策出河汾;
  白头报答知无日,泪洒袁山对夕熏。

周馥墨迹

钱穆先生曾论及魏晋时家族教育与学术文化的关系:当时门第传统,共同理想,所希望于门第中人,上自贤父兄,下至佳子弟,不外两大要目,一则希望其能具孝友之内行,一则希望其能有经籍文史之学业修养。此两种希望合并成为当时共同之家教,其前一项之表现则为家风,后一项之表现则为家学。

周氏子弟自幼就受到朱子学说的熏陶,以"仁、义、诚、信"为立人之本。

二、"浊流"不浊

咸丰二年(一八五二)太平天国起事后,建德居皖赣要冲,离安徽省城安庆咫尺之遥,便成了兵家必争之地。清兵与太平军都不具备绝对的优势,所以成了拉锯战,今天这边打过来,明天那边打过去,这样,周家曾三次毁于战火。为躲避战争,周馥曾随全家穴居山中多日,但终非长久之计。周馥的长辈们认为"与其在这里同归于尽,不如叫年轻人逃一条生路"。故周馥忍痛离家流亡在外,家人怕他不能回来,替他改名为"复"——盼他早日回归的意思。后来,他到了李鸿章幕下,一次李鸿章写奏折,替他申请褒奖,误将"复"写成"馥",他索性将错就错,就以馥为名了。

咸丰三年,周馥在应童子试时,适逢太平军攻打安徽。第二场考试刚开始——童子试本有五场——就哄传太平军攻克了省城安庆,考试中断。后来,皖南一带一直是太平军和清军激烈争夺之地,建德县几度易手。在战争年代,命且难保,谁还有心思去想那当不得吃、当不得穿的功名呢?所以周馥就一直与金榜无缘,终其一生,他的最高功名也就是那个捐来的"监生"而已。

郁郁不得志的周馥曾经教过馆,贩过茶叶,甚至在安庆摆过卦摊儿,代人写信、写春联等。二十四岁的周馥在安庆四牌楼一带摆摊卖字时,身为曾国藩幕僚的李鸿章驻守安庆,受命组织淮军,正在招兵买马,准备远征上海。周馥有个同乡在淮军的伙房中当伙夫,于是通过同乡的关系认识了伙房的采办。这采办认字不多,便请周馥代为记账。从小练就一笔好字的周馥记账自然不在话下。一天,李鸿章查阅账簿,只见账簿上字体秀丽,一撇一捺透出功力,不像是市井小民的气概。待李鸿章问明缘由,把周馥找来才知道此处竟有遗珠之材,当时正是用人之际,遂延揽周馥进入自己幕下。周馥不久即被破格提升为"总文案",实际成了李鸿章的秘书长,这是一八六一年的事情。以后周馥追随李鸿章长达四十年,直到一九〇一年李鸿章去世。

根据史学家陈寅恪的说法,清末的官吏可归入两类,一类属清流,如李鸿藻、张之洞等,是在文化、学术上有较深造诣的;另一类属浊流,如李鸿章、袁世凯等,虽以干练、能力见长,文化根底终嫌浅薄。不过,太平盛世时清流可能会大放异彩;战乱之世,毋宁多些能干的浊流。周馥是属于后者的,清末宰相翁同龢曾在其日记中记载:"津海关道周馥,号玉山来见,去年户部奏参革职者也。其人貌似粗疏,细看甚能而练,合肥称之。"可见,周馥虽然相貌平常,却是个内秀的人物。

李鸿章创建淮军之初有十二营之众(约六千余人),军费是个不小的数目。周馥就担负起这个重任,奔走于江南各地筹集粮饷。后来淮军建立粮台负责此事,粮台下设文案所、银钱所等八个办事机构,周馥即执掌文案所。

李鸿章在攻克苏州后,发生了杀降的事件。同治二年(一八六三)春,李鸿章率领淮军及戈登(英国人)带领的"常胜军"收复江苏常熟、太仓、江阴等地之后,于十一月中旬兵临苏州城下,准备攻克这个"太平天国"政权的重镇。守城的太平军内部不和,纳王郜永宽与清军谈判,得到保命的承诺后,郜永宽杀死守城主将慕王谭绍光纳城投降,清军兵不血刃地拿下苏州。但是,李鸿章没有践约,他认为太平军都是十恶不赦的凶徒,不杀不足以惩治叛乱。于是他不但下令杀了太平军八个投降的将领,还在苏州城里大开杀戒——清军将守城的数万名太平军悉数屠杀。此事引起戈登及外国驻华使馆的严重抗议,但在朝廷的包庇之下,不了了之。

有了清廷的默许,以后各地屠杀俘虏几成惯例。后来,清军在青旸场一仗又俘虏太平军千余人,李鸿章本想照老办法杀掉一半,但周馥本着仁爱之心,觉得杀戮太重,终非善策,便将大部分俘虏发给粮米后遣散了。李鸿章似乎也有所觉悟,所以他知道后,非但没有怪罪周馥,反而更加器重他了。

同治三年三月,李鸿章督师自苏州攻打常州,委周馥随军保护巡抚大印。在激烈的战斗中,周馥乘坐小船始终紧随李鸿章大船之后,从未贻误战机。

过去的官员所秉承的就是一整套儒家学说,"仁政"乃是其核心价值观。"修身养性"是一种内在的修炼,修炼得好,便是"清官",反之则是"贪官污吏"。

三、治理水患

同治四年,李鸿章因克复苏州有功,升为两江总督,周馥以直隶知州留江苏补用,负责南京的善后工程。

同治十年,李鸿章调任直隶总督兼北洋大臣。这年的六月,直隶发生特大水灾,李鸿章遍观官场,皆庸碌之徒,遂调江苏知府周馥至津,以道员留直隶补用,命周馥会同永定河道李朝仪等治理水患。因这年直隶境内连降大雨,永定河河水暴涨,上游决口三十余处,殃及大清河、运河流域,灾情为百年罕见。

周馥会同永定河道李朝仪逐段勘察河道,走遍了海河水系的所有河流,沿途查看灾情,勘察工程,准备用料,终日奔波于泥淖之中,及时地堵住了决口。事后,他感慨万千,曾有一诗记载:

> 十里一茅庄，长途手倦缅；
> 风声山岳动，天色水云黄。
> 沈马年年事，哀鸿处处伤；
> 补牢原未晚，谁肯惜亡羊。

永定河原名无定河，是海河的上游，经常泛滥成灾，威胁天津的安全。周馥这是第一次办理水利工程，他察看了地形水势之后，建议说，天津乃九河下梢，宜泄不宜堵，应在海河上游另辟减河，以泄水势，并在下游屯田，收变害为利之功效。

周馥上书朝廷：养民之政莫大于治河，天津为九河故道，不泄则水患不断。请在南北运河上游要隘辟减河以泄之，并在南运河下游开屯田，为民分忧。

那时，无专门的水利专科学校，周馥也没有学过水利，可他能把自然、社会的基本道理领会透彻、一通百通，提出此可行的方案。但是起初，朝廷并不看好周馥的意见，以经费匮乏为由没有批准。

光绪元年（一八七五），时任海防支应局总办的周馥决定利用淮军帮助开挖减河。这时李鸿章派淮军将领周盛传率领七千人马防守大沽炮台，驻扎小站。光绪六年周盛传第二次来到小站，为的是训练新军，当时称"自强军"——人们叫作"老盛军"。周盛传赞同并采用了周馥"泄流屯田"的方案，开挖兴济减河七十六公里，灌溉小站，由此开辟出水田数千顷。

那时小站叫"新农镇"，本是天津至大沽之间的一个铁路小站，铁路经过之地日趋繁荣，"小站"遂代替"新农"成了地名。原是盐碱之地的小站，经过二十年来驻军的三次引水成功，得以灌溉田亩、屯垦练兵，并培植出享誉天下的"小站稻"。

从此，周馥治水的名声远播于世。

同治十二年，山东巡抚丁宝桢鉴于黄河久治无功，曾建议把黄河恢复旧道，并入淮河入海。但河道总督不同意，一时众说杂陈，朝廷也难以决定，便咨询李鸿章，李鸿章又转向周馥讨教。周馥认为，这不是坐而论道的事情，必须亲临现场考察。于是，周馥从天津大沽口乘船入山东利津河口，溯河而上，直达河南，并察看了大运河一带的情况。三个月后，周馥回到天津，以令人信服的理由写下《代李文忠公拟筹议黄运两河折》，力陈黄河不能改道的理由，并提出加高堤埝、疏通入海口的应对措施。最后朝廷批准了周馥的建议。由此可见，那时候周馥就很明白调查研究、实践出真知的真理。

一八七五年，李鸿章为建设北洋海军筹款，成立海防支应局，这是北洋海军建立的肇始。海防支应局每年拨各省协饷三百万两，委周馥等人会办，责成周馥一人驻局经理。一八七八年，周馥因母亲病故，回籍守制。一八八一年，守制期满，两江总督沈葆桢早已闻知周馥的干练，遂托人致意，希望他留在江苏。周馥答复道："李相国待我厚，我既出山，安可无端弃北而南？大丈夫出处，惟义是视，何计利害？"以小见大，谁说传统道德没有可取之处？诚信为本，先于利害，这种做人的原则今天尤其应该学习。当年四月，周馥毅然北上至津，重投李鸿章，仍回海防支应局任职。

四、参与新政

一八七七年，周馥因办理河工收效显著，署理永定河道、长芦盐运使。次年，补授津海关道兼署天津道，负责对外交涉的相关事务，同时兼任北洋行营翼长——虽然这是个虚衔，但由于他和淮军的历史渊源，这使他能够协助北洋的营务、海防工作。在津海关道的七年里，周馥协助李鸿章创立海军，巩固东三省至山东各要塞，引进西方先进技术制造机器，同时，开办输电、路矿等事业，成为晚清洋务运动的杰出代表人物。

周馥参与经办的北洋新政，摘其要项，介绍如下。

1. 天津电报官局

一八七七年，在李鸿章的主持下，铺设了从天津东局子到直隶总督署的电线，长约六千五百米，电报随之开通。之后，又在天津与大沽炮台、北塘炮台之间架设电线。从此，总督署号令可以瞬时抵达军营。

光绪六年（一八八〇），李鸿章在天津设立电报总局，架设天津至上海的电线；同时于大沽口、济宁、清江、镇江、苏州、上海等地开设六个分局。南、北洋电报线路架通,周馥受命会办电报官局。他又建议架设北塘至山海关电报线路。

后来,在朝鲜壬午兵变时中国能够及时调动军队,电报局厥功甚伟。

2. 天津机器局

一八八四年,李鸿章命周馥筹建天津机器局,以西法制造枪炮、器械。

天津机器制造局创办于一八六七年,由三口通商大臣崇厚所建立,以制造火药及军用器械为主。一八七〇年,李鸿章接管机器局,扩大其规模,增加生产品种,至一八七七年机器局已可生产黑色火药、枪支、炮弹、水雷及一些机器。机器局生产的军火主要供应北洋水师,还有直隶、东北、西北等地边防军与淮军,后来也拨给朝鲜使用。

天津机器制造局规模庞大,门类齐全,技术水平较高,培养训练了一批中国自己的技术人员,成为近代工业的骨干。同时该局大量引进外国先进技术及人才,对中国近代工业的发展产生了巨大影响。

3. 北洋电报学堂

南、北洋电报线路建成后,为了培养线路工作人员,清政府于光绪六年开办北洋电报学堂,学制两年,是天津最早的专科学校。由外籍教师教授数学、制图、英文、电磁学、基础电信、电报实习、国际电报公约等课程。该学校共培养了三百余名中国最早的电报专业人才。

4. 北洋海军

一八七九年,李鸿章奏请朝廷开办水师学堂,并令周馥总负责。翌年学校建成,招收学员一百二十人,学制五年,有驾驶、管轮两班,是中国第一所海军学校。

当时,清政府的海军尚未成型,连个军港也没有。一八八〇年,李鸿章率周馥等人到山东、辽宁等地勘察地形,选定旅顺、威海作为海军基地。旅顺位于辽东半岛南端,乃京津咽喉,且冬天不封冻,地势险要;威海则地处山东半岛北端,岸上山峦起伏,是陆上设置炮台的绝佳地方。旅顺、威海南北呼应形成渤海的两个守卫哨所。周馥参与了选址、找承包商、施工、验收等一系列工作。

一八八四年,中法在越南开战,沿海防务吃紧,李鸿章令周馥督办此事。周馥奔波于沿海各地,认真勘察各港湾、炮台;绘制直鲁一带沿海地形图,将大沽、北塘、营口、旅顺、大连、烟台、登州七处要塞分布制成模型,以供战时需要。

一八八六年,周馥代表中国政府与法国签订中法旅顺船坞工程合同,修建可供修造铁甲舰的一整套设施。合同的条款内容极为详备,可见周馥已具备很先进的现代商业意识。周馥还不畏艰苦,担任了工程监督,以保证工程的质量。在此期间,周馥奔波于保定、天津、旅顺、威海等地。一八九〇年,旅顺船坞竣工,由丁汝昌验收。著名外交家薛福成称赞"其规模之宏阔,实为中国坞澳之冠"。旅顺船坞的不少设施今天仍在使用。周馥还与丁汝昌一起拟定了北洋海军的章程。

威海的海防工程除有大规模的炮台之外,还在刘公岛建有码头、船坞、铁路和弹药库等。旅顺、威海海军基地的建成使北洋海军基本成型。

周馥曾赋诗回忆这段不凡的经历:

北溟朝万国,旅顺是冲途。凿海龙鸣沼,屯营虎负嵎。
四山雄作障,万姓聚成都。牙爪当关踞,层冰敢渡狐。
我自茹荼苦,人思食蛎甘。彻三当雨未,求艾恰年三。
势已龙头踞,威防虎视眈。长城新壁垒,几度路曾谙。
威海前朝镇,师船今建营。山川归锁钥,韬略出书生。
发炮云开阵,登坛雨洗兵。相期东海上,揽辔风澄清。

虽然周馥亲自督建了海军基地,但是他对海军自身的实力有着清醒的认识。一八九一年,周馥随同李鸿章视察北洋海军,他看到海军的现状,深感时事艰难,东邻一旦发生战事,防务实在堪忧。所以向李鸿章力陈切不可满足现状,仍要继续扩充军备,不要指望西方诸国的"友谊"。李鸿章也有无力之感,叹道:"此大政须朝廷决行,我力只此。今上奏必交部议,仍不能行,奈何?"周馥的顾虑,三年后被甲午之战所证实。

5. 天津工程局

周馥负责天津市政建设时,曾修筑马路多条,并自捐一万两银子,修筑天津城连接租界的马路,受到商民的称赞。

6. 天津武备学堂

一八八五年正月,李鸿章仿效西方军事学校建立中国陆军军官学校,委派周馥创办天津武备学堂。此乃中国最早的陆军军官学校,对中国军队建设起了至关重要的作用。

学堂教育完全仿效德国陆军学校,教官多为德国退役军官,教授天文地理、格致(自然科学)、测绘、算学、西洋行军法等。同时也有中国教习教授经史,进行以"忠义"为内容的道德教育。其章程都是周馥亲自制定。学堂第一期曾派出段祺瑞等五名学生到德国留学。天津武备学堂之经验后来推广到全国,各省皆有武备学堂,为中国培养出大批的军事人才。该学堂也是北洋诸系的始祖,号称"北洋三杰"的王士珍、段祺瑞和冯国璋都是从这里走出去的,还有其他民国叱咤一时的著名人物,如曹锟、靳云鹏、段芝贵、李纯、陆建章、王占元、鲍贵卿、吴佩孚、张绍曾等。

7. 修建铁路

开平矿务局投产之后,产煤不能及时运出,李鸿章说通醇亲王奕譞,于一八八一年动工修建全长十千米的唐胥铁路,此乃中国第一条铁路。周馥于一八八六年受命兴修从胥各庄至阎庄的一段铁路,以解决运煤困难。虽然只"铺设钢轨六十里"(此处指华里,实际铺设了六十五里),但这是中国兴办铁路的肇始。在此基础上成立了开平铁路公司,周馥与沈保靖一起任中国铁路公司督办。一八八六年,周馥奏请修筑天津至山海关的铁路。次年,又奏请修筑天津至大沽的铁路。他还亲自监督施工,整日奔波在大沽、北塘、芦台、唐山之间。

周馥

五、进退有据

上文曾提到翁同龢记载有关周馥的一则日记。读此段日记,可知周馥于光绪十二三年间曾被人"奏参","官运"一度不佳,此时初来参见翁尚书,未知何故。但可知必为李鸿章所推介,只因"合肥称之"。翁相笔下写周玉山,大有"其貌虽不扬,信为干练之才"之感。信哉此言,此时的周馥已关注到日本的崛起。

中日角逐始于双方在朝鲜力量的消长。

一八八二年,朝鲜壬午之变后,天津海关道周馥受李鸿章之托,一直与朝鲜驻华使臣等保持密切联系,关注着事态的变化。事变后,他又与候补道马建忠,会同朝鲜官员赵宁夏、鱼允中等一起参与制定了《中国朝鲜商民水陆贸易章程》。

甲午战争之前,周馥和李鸿章对当时的政治、军事形势的分析是有分歧的。李一直抱着"以夷制夷"的方针,寄希望于国际调停,认为战争不会发生。而周馥揆诸大势认为战争不可避免,应该做好充分的"打"的准备。一八九二年,周馥就建议李鸿章向朝廷痛陈利害,增加军费,扩充海军,积极备战。李则多有畏惧,不愿承担责任。一八九四年开战前夕,周馥再次请李向朝廷如实通报北洋海军的实力,争取军费,备战应战。而李还是立足于不打。说起来李鸿章并没有错,只是政治家要因时而异、因势利导,李鸿章却是抱残守缺、一成不变。

甲午战争前,清流党凭借一股书生意气,力主开战,而且动辄以"爱国"为口实,几乎使旁人无置喙之地。负责具体海防事务的周馥知道双方实力的差距,是反对贸然开战的,他曾力劝李鸿章谏止朝廷宣战。但是战事开始后,周馥并不惧怕,也没有推诿。他身为前敌营务处总理,后来又任总理后路粮台,一人兼管军械、粮饷的采买、转运,还担负起收集败兵溃勇的工作,恪尽职守,奔波跋涉,以至积劳成疾,李鸿章只好将其调回天津。在此期间,周馥与袁世凯一同前往前线,二人从此结交。此后袁世凯任山东总督时,特向朝廷推荐周馥任山东巡抚。后来周、袁两家还结为亲家。

甲午战争失败后,李鸿章代表清政府签订《马关条约》,一八九五年三月间,周馥在塘沽迎接李归来时,向他递交了辞呈。他一方面对自己二十年惨淡经营毁于一旦感到痛心,另外也对国家人民的命运感到彷徨。周馥自劾归家,乡居三年。

对于甲午战败,周馥曾作《感愤》诗,抒发了当时的感触:

岂真气数力难为?可叹人谋著著迟。
自古师和方克敌,何堪病急始求医。
西邻漫恃和戎策,东海宁逢洗辱时?
蠢尔岛夷何负汝?茫茫天道竟难知。
十载经营瞥眼空,敢言制肘怨诸公。
独支大厦谈何易,未和阳春曲已终。

一八九八年,李鸿章复出,受命勘察黄河工程。李又想起他的老帮手,遂召周馥前来襄助。周馥时已年过花甲,仍然不辞劳苦,风尘仆仆地详细考察地形,精心策划,制定出《治河法十二条》,被批准采用。

一八九九年,李鸿章任大学士,实际上就是宰相,他感到实在有些对不起周馥。因为自己"荐贤满天下,独周某佐吾三十载,劳苦功高,未尝求荐拔。今吾已老,独负此君,吾其能自已乎"?于是便向朝廷保举。八月份,周馥补授四川布政使(藩司)。

庚子年(一九〇〇年),八国联军入侵北京,慈禧太后和光绪皇帝逃往西安,中国被瓜分的危险迫在眉睫。满人亲贵一无主见,张之洞、刘坤一在东南"自保",袁世凯在山东呼应,只有李鸿章拼了老命与各国周旋,并与庆亲王奕劻任议和全权大臣。周馥从四川调任直隶藩司,实际上帮助李鸿章办理与各国的和议。周馥奔波于各国使节之间,也是历尽艰辛。

和谈中,俄国人逼迫李鸿章答应俄国在东北的特殊利益,李鸿章企图借助其他列强的势力来抵制俄国。但俄国人连番催促,甚至逼到他病床旁边,直至李去世前的一个小时也不放过他。一九〇一年十一月七日,油尽灯枯的李鸿章在俄使去后,作诗一首:

劳劳车马未下鞍,临事方知一死难;
三百年来伤国步,八千里外吊民残。
秋风宝剑孤臣泪,落日旌旗大将坛;

塞北尘气犹未已,诸君莫作等闲看。

李鸿章及儿孙们

临终时,李鸿章切齿痛恨载漪、毓贤等人的误国行为。周馥闻讯赶来时,李的双眼已阖,气息全无。周大哭道:"我还有事没禀报,中堂竟去了!"这时李的眼睛突然又睁大,旁边的人都大吃一惊,责怪周馥冒失。周慌忙地说:"我从德国兵营那里来,瓦德西对我说,和议没问题,两宫也可以回銮,中堂安心地去吧!"之后,李鸿章的眼睛又慢慢闭上了。接着,周馥又跑到瓦德西那里,痛哭流涕地说:"李傅相临死也没有闭眼,紧紧拉着我的手问,和议何时可以签订?两宫何时可以回銮?说着竟接不上气来,两眼睁着,不肯合上。我只好告诉他,和议一定可成,两宫即可回銮,请中堂安心去吧。他的眼睛这才合上。想起中堂大人弥留时的神态,这件事我要是办不成,怎么对得起他老人家啊?"瓦德西听了也为之恻然,连连说："和议不会有问题的,我一定尽力促成,你们的皇上和太后不妨快些回来。"就这样,周馥竟将李鸿章的未竟之事完成了。周馥晚年曾赋诗感怀李鸿章,诗曰:

  吐握余风久不传,穷途何意得君怜。
  偏裨骥尾三千士,风云龙门四十年。
  报国恨无前箸效,临终犹忆泪珠悬。
  山阳痛后候芭老,翘首中兴望后贤。

  周馥在诗中并没有以李鸿章多年故交或是资格老自居,更没有去争权位,而是把"中兴"的希望寄托在宰相继任者袁世凯身上——真可谓进退有据。

  李鸿章去世后,周馥电禀回銮途中的慈禧太后:"大学士直隶总督李鸿章于本日午刻出缺,所有总督关防,敬谨封存。特电禀。"慈禧太后接到电报后,即刻明发上谕,由袁世凯接任直隶总督兼北洋大臣,袁到任前由周馥代理总督。周馥短暂地代理了几天直隶总督——看守总督的大印,直到十一月二十六日新任总督袁世凯抵达直隶高阳,周馥才捧着直隶总督的大印交给了袁世凯,自己回任直隶布政使。当周馥到保定时,面对八国联军洗劫之后的惨景,并没有悲观丧气,却风趣地写了一副对子:

  山有盗,野有匪,城有洋兵,何时是化日光天气象;
  库无银,档无册,房无书吏,全凭我空拳赤手指挥。

六、方面大员

  早年,年轻的袁世凯落魄于沽上之时,周馥是李鸿章的左右心腹,论地位他是袁世凯的上司;袁世凯的堂叔父袁保恒、袁保龄与周馥同为李鸿章的幕僚,论辈分他是袁世凯的长辈。而现在袁世凯的位置却远在周馥之上。官场是极其现实的,比袁世凯年长二十二岁的周馥此时甘心与袁结为儿女亲家,将侧室生的女儿周瑞珠嫁给了袁的八子袁克轸,二人拉平了辈分。一九二一年,他去世时,年纪与他孙子差不多的女婿袁克轸送挽联道:

识英雄于未遇,说来真古道所稀,数吾父知音,惟君最早;
吟行辈为婚姻,………

由此看来,早年袁世凯的发迹曾得力于周馥的提携是毋庸置疑的。一九〇二年五月,周馥继袁世凯之后任山东巡抚,当他乘船路过被德国占据的青岛时,心有感慨地赋诗一首:

朔风雨雪海天寒,眼底沧桑不忍看;
诸国共称周版籍,斯民犹是汉衣冠。
谁人持算盘盘错,当局拈棋着着难;
挽日回天宁有力,可惜筋骨已衰残。

日本人得知了此诗后,别有用心地翻译成英文,送给美国的老罗斯福总统。雅好中国文物的罗斯福遂请周馥将此诗写成条幅挂在白宫——据说至今仍在白宫里面。

周馥甫一上任,七月就遭遇了黄河发水,惠民、利津等多处决口,他亲自率领官民筑堤防洪。周馥继续了袁世凯的新政,其中包括修整大运河和小清河的工程,从而改善山东的基础设施,使之可以与青岛海港和胶济铁路比肩,还有治理黄河,创建山东高等学堂、师范学堂,及各地的中小学堂、初级师范和师范传习所。他还设立了"省工艺总局"和各地的"工艺分局",以兴工商。

德国侵占胶州湾,修建胶济铁路,并强占沿途的矿山,使青岛成为山东的化外之地。周馥连同袁世凯上奏请开济南、周村两地为商埠,与德国相抗衡。德国人不得已撤去胶济铁路沿途驻军,归还了霸占的矿山。

一九〇二年周馥还有一次青岛之行,虽然这是一次本省巡抚出访省内的地方,但由于青岛是德国的租借地,使得此次出访显得意义非凡。关于这次青岛行程的许多细节,可以从德国学者余凯思引用的一些原始档案中得到印证。以往的山东巡抚——如张汝梅、毓贤、袁世凯等,与青岛的德国总督从不来往,但周馥到任后,立即要求走访青岛,其目的在他完成访问后于十二月三十一日致军机处的信中,已有清楚表述,即试图"亲眼看一看当地的境况",了解德国对租借地发展的规划。

十二月,周馥提出了访问德国胶州租借地的要求。周是第一位提出这种要求的中国高级官员,这令胶州总督特鲁泊深感意外。特鲁泊在致蒂尔皮茨的信件中,描述了当自己获悉周馥的来访计划时的惊诧,认为这是一个"几乎无法令人相信的愿望"。周馥在访问期间,和特鲁泊进行了几次政治会晤,周馥谈了一些关于济南与青岛关系的具体问题。鉴于机构联系的缺乏,他希望通过外交访问的方式加以弥补。青岛的德国牧师卫礼贤在他所著的《中国心灵》中说:"他那率真坦诚和健康的幽默感立刻扫去人们心中的疑云。"

值得注意的是,周馥在访问青岛期间所发表的谈话,不仅表达了中国想要收回原先丧失的权利、结束殖民统治状况的基本意图,而且也显示出了对当下状态的关心。按照周馥的见解,即在德国管理的青岛,中国居民的事务仍在其管辖范围之内。周馥曾对特鲁泊说:"即使青岛已被租借给德国,它仍属于山东地盘。"在接见中国商人时,周馥除了谈到一些旨在促进青岛与山东的商业贸易关系的措施,也提到在青岛设立中国领事机构的积极意义,他还提议派遣一位官员前来调解当地商人与山东商人之间的争端或者协助处理诉讼案件,甚或担任中华商务总局领导。

接见中国商人后的当天晚上,周馥和特鲁泊还有过一次不公开的会晤。据推测,这次会晤的地点多半是在维多利亚海湾总督私邸的交谊室。和白天的话题一样,这次私人性质的会晤主题,依然集中于生活在青岛的中国居民的保护上。周馥在民事专员和翻译慕兴立均在场的情况下,和特鲁泊再次谈到上午他已经对中国商人讲过的建议。周比在先前"学院式讨论"的场合更加坚决地指出了设立中国领事馆、派遣官员来岛的必要性,后者应当以中华商务总局的委托人或律师的身份,出面调停中国人之间的争端。对此,特鲁泊表示了异议。在特鲁泊看来,作为一位中国人,周馥是这样理解租借条约的,即居住在青岛的中国人同先前一样仍然是其家庭和种族成员之一,受中国法律的制约,可以或者必须求助于他们的法律保护。

周馥在前述奏折中表示:我相信,德国人已经把租借地当作自己的国土来看待了。胶澳租界条约签订后,生活在租借地的中国人受制于德国的统治,我们对此很难提出异议。目前与德国人对抗是毫无理由的。周馥认为,对外要维护友好的交往关系,以便巩固清廷的外交地位。胶澳租借地内部的关系十分复杂。我们必须尽一切努力,防止捣乱分子煽动暴动,必须派遣一位能干的官员前往租借地附近地区,在当地居民中重新建立保甲制度,与德国人澄清现存的外交问题,谈判法律条文的进一步补充。在这份上呈皇帝的奏折中,周馥建议:"必须通过工业和商业关系,对德国人加以控制。"

后来的事实证明,周馥的态度,在青岛的居民和商人中间有广泛的支持基础。特鲁泊在宣统元年(一九〇九)三月十五日致蒂尔皮茨的信中曾总结说,租借地中的中国居民把济南当局视为自己的代表,并且与它进行密切合作。因此,余凯思在《一八九七至一九一四年中国与德国的相互作用》中相信,当时的"山东当局自认为与居住在青岛的中国民众存在着一种家长制关系,它继续想为他们承担起关怀照顾的义务"。

从周馥一九〇二年在青岛的表现中,我们多少可以获得一些作为中国人的欣慰。在所有的山东地方官员中间,作为袁世凯的坚定政治盟友的周馥,是和德国方面关系最好的。而就是这个周馥,在他在山东最后的日子里面,在一系列匆忙的活动中,最大限度地阐述和维护了生活在青岛这个德国殖民地的中国居民的尊严。

周馥与德国总督的会晤,在多大意义上促成了周的某种转变,并没有可信任的证据加以说明。据信,周回省后即上疏,奏请在胶济铁路、矿山购买华股。一九〇四年周馥促成了济南和周村两处商埠的开放,并通过竞争,逼得德国的山东矿物公司最终破产。

在周馥之后,山东重要地方官员访问青岛逐渐形成了惯例,而德国方面去济南的访问,也慢慢增多了。在以后的五年间,维多利亚海湾旁边的总督私邸成了山东地方官员们熟悉的一个地方。一九○七年秋,随着青岛市区中心新的规模宏大的总督官邸的建成,这幢临时性的总督私邸结束了作为殖民地首长用房的历史,也结束了它作为青岛和济南之间围绕一些重大问题进行争议的会场的历史。

周馥对青岛的访问也使他对该地产生了良好的印象。显然德国人用有效的管理体制把这块中国地方治理得井然有序,青岛成为他心目中的"世外桃源"。一九○七年,周馥辞去两广总督后,这里成了他颐养天年之地,但一九一四年德日青岛之战后,周家避往天津。

一九○四年,周馥升任两江总督,从此周馥声名鹊起,人称"一品监生天下步,两江总督世间知"。周馥年轻时因太平军事起,耽误了科考。以后,李鸿章攻克苏州后,也曾举行过一次乡试,周馥还是没有考中,从此一生与功名无缘,只是一名监生(秀才)而已。虽然周馥在六十六岁时位居总督的高位,但在官场上还时常被人家提起不是正途出身这段历史,可见那时候,科举功名的重要。大概周馥一生也常引以为恨,所以尽管他对科举制度颇有成见,一九○六年还与袁世凯等人一起上疏请求废除科举,但他还是极力督促儿孙们的功名之事。他的五个儿子里有四个举人,其中两个进士、一个翰林、一个经济特科。

也有人对周馥不甚苟同,例如清末的名士沈爱苍曾讥讽他道:

昨日一科房,今朝督问堂。亲家袁世凯,恩主李鸿章。
瞎子兼聋子,南洋又北洋。金陵旧游处,瓦石响叮当。

但这种迂腐的科名之见实在不可取,周馥靠实干精神所取得的政绩是许多科场及第者所无法比拟的。尤其是周馥赞助现代教育功不可没。

百岁老人马相伯曾于一九○三年在上海徐家汇天文台旧址创建震旦学院,即今日复旦大学的前身。但在一九○五年,法籍传教士趁马相伯养病之机,改变以往规矩,规定学生必须选修宗教课,因此引起学生哗然,相继离开学校。同年,马相伯先生遂联络了严复等人,在署理两江总督周馥的支持下，于吴淞营地选好新址，成立"复旦公学"。

设在芜湖的"安徽公学"也是周馥具名募捐开办的。柏文蔚、刘师培、陈独秀、苏曼殊、黄宾虹等名流都曾在此校担任教职。

一九〇五年，周馥与袁世凯、张之洞联名上奏，请求朝廷于十二年后实行立宪体制，并请派大臣到各国考察宪政情况。

一九〇六年，周馥补授闽浙总督，尚未成行，奉旨移任两广总督。适逢革命党频发起义之时，他不愿意在此乱象丛生之际再恋栈不退，遂于次年告老还乡。

七、不事民国

一九〇六年七月，周馥被调任闽浙总督，未到任旋又调补两广总督。次年，周馥以年老多病为由，奏请回籍就医，卸任后，回芜湖定居。一九一一年辛亥革命后，他和一批遗老们移居青岛德国租界，以示"不食周粟"，和民国划清界限。一九一四年，第一次世界大战爆发，青岛被日本侵占，他又移居天津。一九二一年八月二十一日，周馥病逝于天津寓所，终年八十四岁。从一九〇七年奏请回籍到一九二一年病逝前，周馥曾试图举家迁居青岛，并事实上在青岛间断地生活了一些时间。这期间，周馥与四子周学熙还买下沧口德意志中国缫丝制品公司的土地和厂房，建立了华新纱厂。

周馥晚年曾赋诗《生日放歌》：

> 我生不意布衣滥忝至旌旄，勋业未建神疲劳。
> 更不意我生马齿逾八十，眼见坤维震荡天雨泣，
> 龙蛇起陆海水飞，嗷嗷攘攘将安归。
> 予亦吞声痛哭无所依，海滨息影逃是非。
> 天有时而倾，地有时而缺，大道千古万古永不灭。
> 奥寒休咎气使然，飘风骤雨行自歇。
> 嗟嗟世事莽莽等飞烟，草堂风日自清妍。
> 残书伴我送流年，耳聋目盲断世缘，此心独游羲皇前。

生日放歌一首，不欲示外人。因遐孙尚知此意，故录与之。他日一良能解文义，可为解说宝藏之。己未秋闰七月，玉山老人书于天津三多里。

此诗是"五四运动"那年周馥留与孙子周叔弢的，句子长短不一，像是古乐府，又很有些现代诗的味道，后来在"文化大革命"那段反常的年代，被其曾孙周一良撕毁了。周馥感叹政治不稳，社会动荡，但仍坚信"道统"是万古不变的。无奈之下，只好闭目塞听，青灯古卷，神游于那逝去的世界里面。

一九二〇年前后周馥的全家福，坐着的人为周馥之子：学辉、学渊、学熙，怀中抱着的幼儿是其曾孙周绍良，后排立者为周馥的孙辈：叔弢、季木、志俊、介然、叔迦、介臣、祥五、志辅，周馥左边的是其长曾孙周一良

曾在江南水师学堂学习过的周作人，一九〇六年见过时任两江总督的周馥，他回忆道："（周馥）站在体操场上，穿了长袍马褂棉鞋，也很朴素，像是一个教书先生模样……实在那一天给予我们一个很好的印象，可以说在五十年间所见新旧官吏中，没有一个及得他来的，并不因为他教我们办局子，乃是为了他的朴素、诚恳的态度，不忘记我们两个留校的学生，这在刘坤一、张之洞、魏光焘大概是不会有的。"作为二品大员的两江总

督,周馥能够如此朴素而平易近人,在那个官本位的时代,的确是难能可贵了。

周馥有六个儿子:学海、学铭、学涵、学熙、学渊、学辉,以及三个女儿。一九二一年九月二十一日,周馥病逝天津,清廷废帝溥仪赐谥"悫慎",并在国史馆立传。直隶、天津、安徽、山东、安庆、秋浦县都请求为周馥建祠。一九三七年,周馥百岁冥诞时,全国有多处以各种方式纪念——这在民国时期也是罕见的事情。

周馥晚年曾专心撰写了一部《负暄琐语》,将一生学习儒家圣贤的心得传诸子孙,以诚待人、以信接物、以义为利、仁心为质是其立身之本。周馥遗有《周悫慎公全集》。

周馥在《示海铭二儿》中写道:

武侯戒子书,淡泊与宁静;圣人为世师,忠恕重垂警。
所贵收放心,欲绝外物屏;改过如扫地,时见尘满境。
读书如尝食,甘苦在心领;一步一从容,即事即思省。
久久心自明,豁然开万顷;矢志金石坚,造物难为梗。

周馥原配吴夫人出身农家,勤劳聪慧,为人谦和,乐于助人,始终保持着俭朴的美德,尤其难能可贵的是,在周馥富贵之后,吴夫人仍然节衣缩食,从不追求奢靡生活。她以平日节俭下来的银子购买千亩田地,作为"义庄",成立"乐济会"赈济灾民。吴夫人也以此精神教育子女,她虽然十分疼爱自己的小儿子周学熙,但从不溺爱,从小就教育他要勤俭持家、怜惜孤贫、乐于助人。所以后来周学熙虽然历任民国高官,但始终保持着朴素的作风,平日里只是一袭家乡土布缝的布衣,而且牢记母训,热心家乡的公益事业,捐建农林公会,倡导种茶养蚕,建立缫丝工厂,兴办商业、医学讲习所等。

周氏三代世系简表

```
              ┌ 达(美权)    周震良、周煦良、周炜良、周叔昭(女)
              │ 逵(仲衡)
       学海 ──┤ 遏(叔弢)    周一良、周珏良、周艮良、周杲良、周以良、
              │             周治良、周景良、周珣良、周与良、周耦良
              │ 进(季木)
              └ 云(祥五)    周懋良

       学铭    明捷    周明启、周明捷
       学涵    明治(仲谷)

              ┌ 明泰(志辅)
              │ 明焯(志俊)
周馥 ── 学熙 ──┤ 明夔(叔迦)    周绍良
              │ 明恩(志厚)
              └ 明谦(志逊)

              ┌ 明藩(介臣)
       学渊 ──┤ 明煌
              └ 明钧

              ┌ 明相
              │ 明和(介然)    周骏良、周骥良
       学辉 ──┤ 明昌(克臣)
              └ 明椿(映堂)
```

第二章 两任总长理国财——周学熙

◎

周学熙(一八六六—一九四七),字缉之,号止庵,别号定吾,是周馥原配吴夫人最小的儿子。

周学熙出生在南京,其母吴夫人产后体虚,奶水不足。那时,以她家的条件,雇一个奶妈是不成问题的。但是吴夫人却以为,为人不可过于奢侈而忘本,所以坚决不请奶妈,只是用水泡糯米团来喂养学熙。这自然影响了婴儿的发育,致使周学熙自幼体弱多病。

周学熙六岁时随家人移居天津,并入塾读书。在学塾中并无仆役服侍,所有打扫卫生之类的事情全是他与三兄学涵自己去做。周学熙幼年因作文总是长进不大,自责道:"人生世上不过几十寒暑。若不能自立,做有益于人之事,虽活百年,究与禽兽何异?况禽兽各自谋食,其皮骨毛革尚有益于人;六畜食于人,则有功于人更大。人若专事依赖,不思勤苦,是远不如之,能

周学熙

无愧乎?"

光绪四年(一八七八),周学熙因祖母生病,其父周馥带领家眷回籍。之后他的三哥周学涵感染时疫(传染病)去世,年仅十六岁。他在二十四岁时,也身患恶疾,高烧不退,生命垂危。他大哥学海脉理精湛,断定他要出疹子。于是,由家人用黄酒为他揉搓四肢,引发麻疹尽快发散出来。果然,一夜之间疹子布满全身,体温随之降下,他总算捡回一条性命。事后,其母经常嘱咐他:"家乡山多田少,生计艰难。你将来若是发达了,务必多做善事。"老母的教导,和她"自奉极薄,待人极厚"的品德对他产生深刻的影响。那时人们受佛家思想的影响,总认为人的一生其禄数是有一定的,俗话说该吃几碗干饭多一口也吃不到,所以尽量以勤俭约束自己,以延长享用的时间。想法虽然可笑,但也不是毫无道理。那些昏君贪官们匆匆而来,匆匆而去,历史上并不少见。后来,周学熙虽然屡任高官,但绝少穿绸缎,始终布衣、布袜,保持着俭朴的作风。

一、科场蹉跎

同治十一年(一八七二),周学熙随家眷来到天津。父亲周馥对孩子们要求很严格,晚上睡在学塾中,自己料理生活琐事。九岁时,他基本读完了四书五经。光绪四年(一八七八),祖母病故,周学熙随父母回原籍,从长兄学海读书,虽然学海沿用多年的老式教育方法,读书不用心就痛加责打,但这对他的学业却大有帮助。

一八八〇年,十四岁的周学熙步行百里,到贵池府参加童子试,一举中试,成为秀才。一八八二年,周学熙第一次参加金陵乡试,铩羽而归,北返天津。此时,周馥正在津海关道任上,其幕中人才济济,不但有精于科考的旧学大家,还有许多讲究新学的洋务人才。于是,周学熙学习了诸如地理、音乐、天文,以及声、光、化、电各种新旧学问,与津门名宿严修(严范孙)等人时常一起作文切磋,严经常名列前茅,使他受益匪浅。他还拜李慈铭(一八三〇——一八九四)为师,学习制艺。

一八八五年、一八八八年、一八九一年,周学熙又三次科场失意,而他的长兄学海、次兄学铭都已连捷两榜,学海补了内阁中书,学铭进了翰林院。因此,周学熙更不气馁,从盛夏到隆冬,每夜都要用掉几盏灯油。夏夜蚊虫叮咬,他就把谷糠放在炭火上,用烟来熏,终在一八九四年顺天府乡试中高中第十八名举人。不料,一场大案却随之而来。

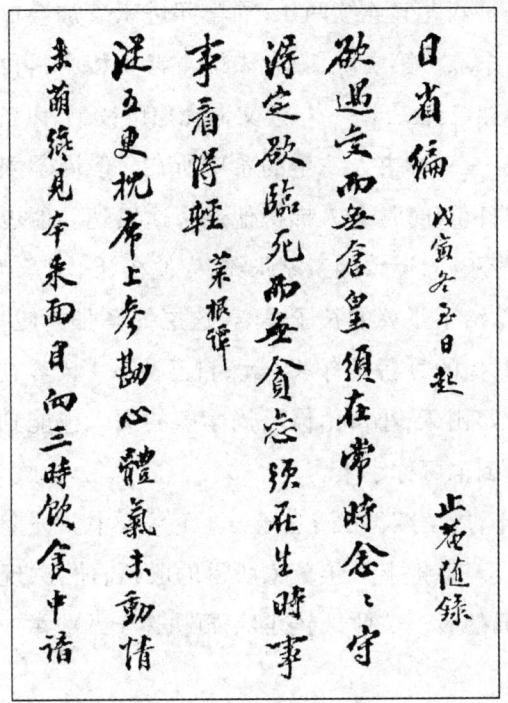

周学熙墨迹

原来,顺天府乡试和礼部会试体制略同,一个正考官、三个副考官、十八个同考官,分为十八房,各房选一最好的卷子,称为房首,列于榜前,号称十八魁。但外官三品以上子弟,以及京官高官子弟不得进入十八魁内——大概是官不与民争的意思吧。其中得中第十九名的,就算最优。那一科,有人因病缺考,只有十七魁。周学熙之父时为直隶臬司,而主考官孙毓汶又极欣赏周学熙的卷子,遂把他放在第十八名。这是违反成例的,恰巧孙毓汶又是他入泮时的房师,所以发榜后,引起一片哗然,有人说周学熙是请人代笔。后来,由礼部主持又在保和殿对几个人进行重考,派王大臣亲自监考,大学士李鸿藻阅卷,周学熙还是取了一等第一名,他的被诬声名得以洗清。

二、另辟蹊径

1. 担任开平矿务局总办

一八九四、一八九五连续两年,周学熙进京参加会试。第一次,因名额已满,虽中而未取。第二次,荐卷未被主考官相中,再次落榜。一八九七年,此时周学熙已经三十一岁,遵父命在焦山读书,以备来年的会试,希图得个两榜出身——读书人一生的希望所在。但周学熙已有五女一子,家口日繁,家累日重,时常有人撺掇他走旁途发达。他也自觉仕途坎坷,对正途出身有些灰心,遂致函亲家张翼,为他在开平矿务局谋一差事——周学熙的长女嫁给了张翼的长子,凭着这层关系张翼便将他安排在上海分局任事。那时他的月薪只有六十元,自己留下十元零花,其余都寄往家中。正所谓"大富由天,小富由俭",周学熙的夫人也能勤俭持家,所以其家境虽非大富,倒也可称小康。

一八九八年,周学熙再次参加会试,还是未中。失望之余,周学熙只好捐了一个道员。他把上一年分家所得的股票、债券、现金共两万余元,入了开平矿务局的股。从此,周学熙不再执迷于八股举业,而走上了实业富国的道路。

开平矿务局是李鸿章根据招商局候补道唐廷枢(景星)的建议,于一八七七年在天津成立的,位于开平镇西南十八里的唐山,用土法采煤。唐廷枢是广东香山人,英商怡和洋行买办出身,因熟悉洋务被李鸿章所赏识。后来,唐廷枢又筹金兴办唐山细绵土厂,从广东招来同乡,在此开石采煤。唐山也从一个几十户人家的小山村,变成华北大镇——据说唐山即因唐廷枢而得名。开平矿务局名义上是"官督商办"——因为其中有八十万两的商股,实际上一切都由官办。一八七九年,开平煤矿购置机器,采用西法,产量大幅度提高,而且煤质优良,可供北洋海军和北洋新政相关的一部分工业、交通所需,遂引起内外瞩目。

一八九二年,唐廷枢去世,张翼(燕谋)继任开平总办。张翼出身汉军旗人,原是老醇亲王奕譞的贴身小厮,因为头脑灵活、善解人意很受奕譞的信任。有一次,奕譞生了一种怪病,来势很猛,眼看就要撒手人寰,医生开出一副药方,但因剂量过大,没人敢下这副重药。这时张翼自作主张,把药抓来煎好,奕𫍯服下后居然因此病愈。之后,醇亲王认为张翼对自己忠心耿耿,可以托以重任,从此对张翼青睐有加,从小厮到管家,一直给他捐了个江苏候补道的前程。那时,醇亲王因为儿子光绪皇帝的关系独揽政权,政府决策都要先经过他,军机处每天都把公文送到他家听候决断——称之为"过府",所以张翼也参与了许多国家大事。慢慢地,张翼竟涉足政界,跻身政要之列。

周学熙任矿务局驻上海分局的监察,负责监督推销开平矿务局的煤炭。因他勤于职守,第二年六月被北洋大臣裕禄委为开平矿务局会办,十月又升为总办。张翼则高升一步,成了直隶全省及热河矿务督办兼开平矿务局督办。可是张翼还保留旗人那一套,整天养鸟、玩鸽子,矿上的事情全由周学熙担当。

周学熙来到开平后的第一件事就是准备恢复唐山细绵土(水泥的旧称,从 cement 音译而来)厂的生产。细绵土厂是一八七九年因军事工程需要,由开平总办唐廷枢创办的,资本为十万两银子,其中有开平矿的两万两,另外商股六万由唐廷枢向香山家乡的绅商筹集。香山股东们讲好的条件是,生产水泥的原料(黏土)要使用香山县的。

这样,从千里迢迢的广东用轮船把黏土运抵塘沽,再送到厂里。因运费的昂贵和供应不及时,造成成本过高,加之生产不得法,致使工厂连年亏损,欠了开平矿十万余两银子。工厂遂于一八八九年报废停歇。

一八九六年,开平煤矿因需要水泥,而且细绵土厂有矿务局的股份,遂重新开工生产。德璀琳(一八四二 — 一九一三,德国人)介绍德国人昆德任技师,产品全部由开平矿自用。但开平矿务局和细绵土厂并非一个企业,两家曾订有合同,在任何一方提前三个月通知的情况下,随时可以分开。

周学熙鉴于水泥是重要的建材原料,决心正式恢复细绵土厂的生产。他聘请了李希明为经理,昆德为化验师,在唐山附近找到原料基地,并改进了生产技术。就在一切就绪,即将投产时,庚子事变(一九〇〇)发生。周学熙正好因事不在,李希明和昆德一直留守厂里。为了避免义和团来找麻烦,开平矿务局悬挂着英国国旗,细绵土厂因昆德的关系悬挂德国国旗。细绵土厂的所有重要文件由昆德从开平矿携出,英国人曾百般设法向他索取,但他坚持说:"这是中国产业,不能给你们。"后来,昆德将这些文件交与周学熙,周据此方得以索回细绵土厂。

戊戌年(一八九八),在天津税务司德璀琳的中介下,英国商人摩林与张翼见面,并谈成二十万镑的"秦皇岛借款",年息一分二。由于这笔借款,摩林享有向开平矿派驻代表的特权。这样,年仅二十四岁的美国工程师胡佛(一八七四——一九六四)便来到了开平,他给自己起了个中国名字叫胡华(后来成为美国第三十一任总统)。胡佛出身贫寒,于斯坦福大学毕业后,受聘于英国摩林矿业公司,由摩林介绍给张翼,成为开平煤矿的"矿师"。

一九〇〇年庚子事变时,开平矿的外国技师因不为义和团所容,逃避一空。但很快,八国联军占领京津一带,开平矿区被俄国军队占据,在天津的产业由英、德两国霸占。六月二十二日,张翼被英军逮捕,关在太古洋行的一个旧厨房内,罪名是他养的许多鸽子是为了给义和团通风报信所用——外国人也会用莫须有的罪名。次日,德璀琳去探望张翼,答应将不惜代价营救他,并告知开平矿被俄军占据,只有委托他代理开平总办,假与英商合办,方能保全矿产。说罢,立即拿出早已拟好的租约和委托书,要他当场签字——后来称之为《移交约》。第二天,张翼即被释放,这一捉一放,大有文章,耐人寻味。德璀琳是李鸿章聘的洋幕僚,他本是德国人,因和英王乔治五世的玛丽王后(德国人)有些拐弯抹角的亲属关系,所以和英国人关系也很深。因他喜好收藏古董,也和张翼来往密切。其实,德璀琳早想染指开平煤矿,一八九四年就曾怂恿张翼招收外股,说是非此不能得到列强的保护。

德璀琳拿到张翼的委托书,即和胡佛密谋造假,将中文本的"租",改为英文本的"卖"。张翼被释后,德璀琳偕同胡佛见他,把《移交约》改为《卖约》(又称《正约》),更夸大其词说,外国入股也无济于事了,只有把主权完全转移给外国公司,变成外国企业,方可保无虞。张翼起先不允,胡佛又拿出一份副约,以给予他十万新股做诱饵,又欺骗张翼说,这只是一种形式,实际还是中外合办,"张大人"还是公司的总办,权力还在你手里,只不过表面上立一个契约,在英国注册而已。昏聩颠顶,对国际法一无所知的张翼稀里糊涂地中了德璀琳的圈套,终于在一九〇一年二月十九日签约——这时,清廷已经与联军议和,矿局的直接威胁已不存在了。对外国人,张翼是言听计从,可是对中国人,他却欺上瞒下。五月二十六日,他上奏朝廷,谎称开平矿改为中外合办。

胡佛与德璀琳虽然和张翼签约,但是没有开平矿务局总办周学熙的副署,一切卖约都是无效的。周学熙当时在天津租界中避难。他冷眼旁观,明白外国人趁火打劫的鬼蜮伎俩,看出这是一场骗局,遂拒不副署,并辞去矿务局总办职务,南下上海。

七月三十日,德璀琳代表开平矿务局,胡佛代表摩林公司,私相授受,把开平所有产业和一切权力移交给胡佛,其中包括唐山、林西两个煤矿,承平银矿,天津总局房产,天津、塘沽、上海、香港、广州等地的码头,以及运河、地亩、轮船,等等;秦皇岛港口也附带断送,连建平、永平金矿股份、细绵土股份、津唐铁路股份也都列了进去,可谓是包罗无遗,一网打尽。在这一笔天大的交易中,除了张翼接受了英国人五万英镑的现款,德璀琳拿到两万五千镑的酬劳之外,开平矿务局分毫利益都未得到。

德璀琳当上了开平的总办和董事,而清廷却一直以为是中外合办。

直到有一天矿务局的中方人员升起清政府的龙旗时,英方人员竟然说这是英国土地,不能悬挂龙旗。此事报告了当时的直隶总督袁世凯,袁通过北京外交部向英方提出交涉,不承认张翼与英国人签订的合约;同时屡屡催促张翼出面收回开平矿业的主权。但是张翼为自己发财有道,与国家争权却无方。交涉始终没有进展,直把张翼急得焦头烂额,只好请求醇亲王说情。但是袁世凯坚持要追回开平矿产的所有权,硬是把张翼逼到英国去打官司。最终英国法院将矿产主权判给了中国,周学熙没有在文本上面副署成了中方取胜的关键。但是摩林公司仍然霸占着开平矿务局,不肯归还。直到一九四一年开平矿务局被日本占领,才结束了这场官司。

2. 在山东的新政

一九〇一年,周学熙由李鸿章派往山东。山东巡抚袁世凯正在齐鲁实行新政,废除科考,提倡实学,筹建山东大学堂。袁世凯本与周馥关系密切,后来又做了儿女亲家,所以周学熙一到山东,袁世凯立即委任他为山东大学堂总办。

那时,清政府施行了一些换汤不换药的改革措施,将各省的书院改为大学堂。山东大学堂是集小学、中学、大学一贯制,分工学、农学、矿学、商学、医学等学科的新式学校。学校开设了天文、地理、算数、政治等现代课程,同时也讲授经史。周学熙为了贯彻"西学为体、中学为用"的办学方针,编印了《中学正宗》《西学要领》等教材,教育学生在学好科学文化的同时,要做到勤勉俭朴、清廉宽厚、遵守礼仪、敬重师长。周主持学堂以后,制定学校章程,聘请教员,为开办中国第一所现代意义的大学贡献不菲。

袁世凯在山东一反中国士大夫固有的重农轻商的观念,认识到商业发达可以富国裕民,所以采取农商并重的方针。袁在山东创设商务总局,以发展山东的商业;又设置筹款总局,以征收厘捐杂税。他还派人到日本考察铸造银圆、发行钞票的章程和办法。这些都为他将来在直隶推行新政打下基础,而周学熙则是他有力的助手之一。

三、直隶新政

一九〇一年十一月七日,李鸿章去世后,袁世凯奉调署理直隶总督兼北洋大臣。一九〇二年五月,周馥升任山东巡抚,周学熙照例回避,于是回到天津,再度投效袁的幕下,任候补道。在直隶的十几年内,周学熙帮助袁世凯主要办了如下的几件大事。

1. 创设银圆局

由于庚子之变中八国联军的洗劫,天津城区被破坏殆尽,商业、金融业遭受了毁灭性打击,店铺、银号几乎是十室九空。隶属北洋机器局的造币厂毁于炮火,不但银根短缺,流通的铜钱也不敷需求,因此造成物价飞涨,假币充斥,市场一片混乱。为巩固军政的稳定,整顿金融秩序,一九〇二年八月十五日袁世凯接收天津之后,即委派周学熙总办北洋银圆局。袁在赴保定督署前夕,对周说:"我一个月左右回来,希望见到你开炉铸钱。"

北洋银圆局

造币厂内景

当时,周学熙接手的银圆局总办不过是个纸上的空衔,既无官署,又无工厂,也没有机器。他一切从零开始,从选址、招工、筹款、置械,日夜督工,只用了七十二天,即铸出当十铜圆一百五十万枚。天津造币厂铸的铜钱除了供应本地之外,还由户部调到北京、山东等地。银圆局也盈利颇丰,支持了各项新政,如工艺局、工艺学堂、考工厂等处的经费。他还在银圆局内设立图算学堂,选招学员,采用半工半读制,半日在工厂实习各种机器操作,半日在学堂学习简单的算数、机械制图等知识,在生产的同时,更是培养了许多的人才。

等袁世凯回津时,新币已经流通于市面之上。由此,物价趋于平稳,人心得以安定。阅人众多的袁世凯也惊叹周学熙乃难得的奇才。袁又委派周学熙为他主持北洋实业,周也十分感激袁的知遇之恩,愈加为袁效力。

2. 总办直隶工艺局

一九〇三年三月,袁世凯派周学熙去日本考察工商业。周在日本虽然只停留三个月,却受到了极大的影响。他认为日本的富强在于"练兵、兴学、制造"三件事。中国要想强盛,也必须从军事、教育、经济三个方面效法日本才行。"国非富不强,富非工不张",所以发展工业是国家富强的根本。

周学熙颇富实干精神,他认为"坐谈不如起行,空言劝导不如实行提倡",于是上奏朝廷建立工艺局、工艺学堂、考工厂(意为考察工业之场所)等机构以发展实业。

当时正值八国联军蹂躏京津一带之后,地方经济建设受创惨重,人民流离失所,无业游民极多。从日本回国后,周学熙一方面为发展工业、一方面为维护社会治安,收养流入城市的游民,向袁世凯建议成立"直隶工艺总局",并自荐担任总办。在工艺局总办任内,周学熙创办了高等工业学堂,教育品制造所,劝工陈列所,实习工场,劝业铁工厂,种植园,官造纸厂,劝业会场,北京第一、第二小学堂工厂等;另外还附设有夜课补习所、仪器讲演会、工商研究所、工商演说会等多种实业,以启迪民智,奠定工业基础。

要发展工业,必须具备资本、人才和设备。周学熙从官、民、商各个渠道筹措资金,然后办工厂,设工业学堂以培养人才,设考工厂以启发民智,设教育品制作所以激发求知,设实习工厂以传习技术,设商业劝业会场以疏通产销渠道。周还创办高等工业学堂,隶属工艺局之下,聘请外国专家担任教员,教授现代科学知识;同时,为注重理论与实践的结合,又创建了实习工场。

一九〇四年,周学熙开办考工厂,购置本省、外省和外国的常用或稀用的物品,陈列出来任人参观,以便开化社会风气,使人们认识现代工业的成就。同时,考工厂还附设工业售品所,出售工艺总局的产品。为了劝导当地绅商投资工业,每月开办两次"工商演说会",向他们灌输现代工商业知识。这些,对仍处在农业社会的中国,无疑起到一种启蒙的作用。周学熙还现身说法,以直隶工艺总局投资开办造纸厂作为示范,又以官督商办的形式办起了织染缝纫公司、造胰公司、牙粉公司、玻璃厂等。

直隶工艺总局

高等工业学堂,其旧址在天津东南角一带

实习工场

北洋铁工厂仿制的汽轮机

北洋劝业铁工厂

天津考工厂

天津造胰公司,我国当时屈指可数的制造业之一

可是,由于当时社会风气极端保守,贪官污吏只知道搜刮民财,供自己挥霍享乐,对于既无益于升官发财,又见不到短期收益的事情,无人愿意尝试,所以周学熙大兴工业的抱负终于未得收效。

3.督办天津官银号

为稳定市面,平抑物价,整饬金融,袁世凯在令周学熙创办银圆局的同时,又令他督办"平市官银号"。一九○六年,天津官银号成立,这是中国最早建立的几家国有银行之一。刚刚从日本考察归来的周学熙,提出在银号内设置"储蓄柜"和"商务柜"的设想,一方面经营官民存款业务,聚积资本;另一方面经营贷款、贴现、汇兑及发行钞票,为促进工商业发展提供资金。

为了活跃商业市场,周学熙编写了《附设博济储蓄银号呈文》《劝令津人游学日本学习商业文》《劝谕商人说帖》等文章,鼓励民族资本的流通。此后,他创办的洋灰公司、自来水公司都是从官银号贷款而成的。

周学熙"富致强"的思想很合袁世凯的胃口,袁遂把北洋财政大权交予周。于是周学熙一人身兼北洋银圆局总办、直隶工艺局总办、北洋支应局总办、署天津道、长芦盐运使,总掌行政、财政、金融。官银号贷出资金扶植地方工商业,在天津开办了"织染缝纫公司""造胰公司""牙粉公司""铁工厂"等小型工厂,以及"启新洋灰公司""滦州官矿公司"等大型企业。

4. 启新洋灰公司

一九〇二年十月,因开平矿务局拒挂大清国龙旗,开平矿产被英商骗走的事实才暴露出来,清廷命令北洋大臣袁世凯迅速办理收回事宜,袁委派周学熙进行交涉。周学熙深知收回不易,即使能够收回,筹措一笔赔偿金又谈何容易。所以他向袁进言,唯一亡羊补牢之法即先把唐山细绵土厂收回,因为当初细绵土厂垫款抵押开平时,曾订有可合可分的合同。而当初昆德不满英国人骗得开平矿产的行径,把细绵土厂的文件资料全部交给了周学熙,凭借这些文件,周学熙成功收回了唐山细绵土厂。

一九〇六年,袁世凯接受周学熙的建议,责令他收回唐山细绵土厂。当英国人知道这一消息时,开平总理那森找到矿师李希明,许以厚利和高位,诱他隐瞒开平与细绵土厂的合办合同。李希明不为所动,向周学熙汇报了情况,促他尽快向袁世凯请示办法——那时,唐绍仪和那森过从甚密,那森和唐打牌时,经常故意输给他几千元,变相行贿——想要唐向袁世凯进言,不要收回细绵土厂。可是当唐向袁说项时,周学熙已经走在前面。袁遂拒绝了唐的进言。

当周学熙写信给德璀琳,叫他交还细绵土厂时,德璀琳借口细绵土厂与开平矿务局在煤、水、铁路等方面联系甚多,请求宽以时日。周学熙则紧紧咬住他,请开平结清垫款,终结合办关系。德璀琳表示愿意通知开平总理那森交还工厂,却借机勒索两万两酬劳。周学熙为了彻底斩断和开平的关系,忍痛答应了他。

唐山细绵土厂的立窑

早期的启新洋灰公司外景

启新天津总事务所

那森是个有名的中国通,为人狡诈,他听说德璀琳同意还厂后,竟直接上书袁世凯,提出种种狡辩的理由,拒绝还厂。周学熙坚持只承认德璀琳为谈判对手,否认那森的参与。那森想出各种诡计,先是请英籍律师进行恫吓,又抬出英国驻华公使及驻津总领事出面干涉。但周学熙始终不肯退让,坚决收回自办,终于在一九〇六年七月收回细绵土厂,改名为"启新洋灰公司",周自任总理。

周学熙采用召集商股的办法,将启新公司由官商合办过渡到纯粹商办——当然,所谓的商办,也大都是北洋官僚的资本。很快,新建的工厂就投产。由于德国技师昆德在唐山附近发现制造水泥的优质原料,大大降低了成本,而且产品质量有所提高,当时北洋正在推行"新政",修建炮台、码头、铁路、桥梁无一不用水泥,因此做到尽产尽销;再加上有袁世凯做后台,在运输、专利、减税等方面得到诸多的优惠,所以启新公司甫一投产,利润就源源而来,并在八个月之内,还清官方贷款。周学熙之所以忙于还清贷款,是因为他听说袁世凯要内调北京的传闻。直隶总督一换人,启新的前途则吉凶未卜,所以他宁愿放弃官银号优厚的借款,而将启新全部转为私人资本,以免担因官场变化而发生的风险。

唐山启新洋灰厂总技师,德国人汉斯·昆德

唐山启新洋灰厂总技师,王松波

周学熙发展民族工业自然有其不可磨灭之功,但毕竟金无足赤,人无完人,他倚仗权势,借国家之款发展其私人企业,官商勾结,化公为私,手段也是极狡猾的。例如,他收回细绵土厂后,计划集资一百万元,固定资本和流动资金各半,在商股募集以前由国库代垫。袁世凯遂命令淮军银钱所和天津官银号各拨款五十万,借期十年,年息五厘,前三年只付息,从第四年起每年还本六万两。当时,市场的贷款利息是月息八厘至一分二厘,这种优厚条件只有官商可以取得。

他在总办银圆局时,获利也是惊人的。一万两纯银可铸价值一万四千两的银圆(铸钱时加铜),获利达百分之四十。当然,银圆局的利润不会全部上缴,其中很大一部分落入他的私囊。其他还有官银号发行货币、长芦盐务的"陋规"、盐商的报效都是他进账的孔道——这也是中国传统的官商陋习之一,不是某个人所能够左右得了的。

中国当时有两家水泥厂,一家是启新,另一家是张之洞于一九○七年创办的位于黄石的湖北水泥厂。湖北水泥厂产品质量不错,曾经在国际上拿过奖牌,所以两家颇有一争高下的势头。周学熙一直想要吞并湖北水泥厂,最初想出合并的办法,遭到对方拒绝后,便想方设法吞并之。他一方面控制原料基地,一方面大量收购湖北水泥厂的股票。一九一一年,传来湖北水泥厂因管理不善、资金周转困难而负债累累的消息。他得知湖北水泥厂的债主有吉林官钱局和日本三菱公司,便唆使吉林方面催款,又由别人出面致电湖广总督,要追究湖北水泥厂向日本借款的责任。周学熙终于得以将湖北水泥厂收购了下来。

周学熙虽然身为启新公司的大老板,但由于派系纷争等复杂因素,他的地位也时陷尴尬。

启新公司的大股东内,根据籍贯和利益的不同,分为安徽系与河南系,另外还有拥有实力在一旁观望,最后倒向河南系的李希明一系。安徽系以周学熙家族为中心,河南系则由袁世凯家族主导。周学熙一派的主要成员有他家族内的九弟周学辉(实之),侄儿周叔弢,儿子周志辅、周叔迦,女婿张郲野及胡光镳等;同乡亲信方面有陈一甫及其子陈范有、陈达有,孙多森及其弟孙稚筠等人。河南系首脑是王筱汀及其子王仲刘,袁世凯的儿子袁克桓、袁克轸、袁克久,开办初期的天津耆宿卢木斋原不属河南系,但他反对周学熙,他的儿子卢开瑗就倒向河南系了。

三品顶戴的陈一甫

年轻时的陈一甫

老年的陈一甫

周学熙在启新任总理时，完全是封建官僚和家长式的管理方式，公司门口摆设黑红水火棍和虎头牌，俨然一个大衙门，而且他高高在上，用人不当，偏听偏信，引起属下极多的不满。最突出的例子是他的大女婿张邠野，张本是公司监察人，又被周学熙任为北部批发所监理，这本身就违背了"监察人不得以在职人员兼任"的原则。而且张邠野整天花天酒地，个人图章交给亲信管理，自己从不到公司上班。又如周的三女婿胡光镳本在唐山工厂任职，因和李希明合不来，就回到天津公司担任宣传。他极喜欢铺张，用钱缺乏计划，造成很多浪费。许多人给周学熙写匿名信，但周置之不理，信任如故。

袁克轸是周学熙的妹夫，属老一辈的"姑爷"，但在启新毫无地位。在一九二四年的股东会上，周学熙任临时主席，袁克轸出其不意地站起来发言，历数张邠野及胡光镳的胡作非为，当面指责周学熙道："对待少姑爷如此偏袒，为何对老姑爷就不照顾照顾？"王仲刘、卢开瑗也在一旁助阵呐喊，人称这一幕为袁八大闹董事会。

周学熙做总理时一向大权独揽，牢牢掌握公司的人权和财权，甚至连一元钱的开支也要亲自批示。他告诫子侄们说："要搞实业，首要的是抓权。"每当他到公司时，号房听差总要在前面喝道，高喊"总理到"，霎时间全体职员都要屏息肃立。开会时也从来是鸦雀无声，没人敢说不同意见。这次袁克轸"一鸣惊人"的举动，周学熙既不能将其压服，又不便对骂，由是威信受到极大的打击。此后,周学熙称病不到职,随后以退为进,辞去总理,推举言敦源(仲远)代理。言敦源是袁世凯小站练兵时的幕僚,一直担任武职,为人圆滑,胆小怕事,在启新并无基础。周学熙起用他不过是一种过渡,以便时机到来,东山再起。

言敦源无功受禄,既不愿意夺周的风头,也不敢得罪袁氏兄弟。河南系的势力日益上升,安徽系也不甘退让,每次开股东会,往往出现短兵相接的局面。其实真正的股东倒不多,帮腔助阵的却不少。河南系的王仲刘民国初年做过议员,是飞墨盒的能手;卢开瑗更是无所顾忌,往往破口大骂。袁氏兄弟则不失乃父本色,常怀揣着手枪到会,遂使以书生自居的周系人马逊色下来。

袁克轸虽然大闹董事会,但也不过是个公子哥儿,真正权谋善变的是袁克桓。袁克桓为袁世凯五姨太太杨氏所生,杨氏极受袁的宠幸,所以袁克桓也是备受宠爱。一九二七年,袁克桓当选为启新董事,一九三〇年当上协理,迅速掌握了实权。一九三三年,袁克桓升任总理,王仲刘任协理,河南系势力如日中天,安徽系则有一蹶不振之势。

在日寇统治时期,启新的头面人物和日本人关系密切,三井株式会社屡欲向启新投资。一九三九年,启新在北平八面槽设办事处,作为和伪华北政权联络的机构。公司曾以大量水泥支援日本的侵略战争,冈村宁次特意赠送袁克桓一把军刀。一九四三年,王仲刘病逝,一直做启新监察的周叔弢才得以当选董事。一九四五年,日本败局已定,袁克桓心里忐忑不安,连忙辞去公司总理职务,由周叔弢任总理。此时,派系之争已经失去意义,公司考虑的首要问题是如何自处。

5. 收回开平矿务局

自从张翼于一九〇〇年将开平矿产"移交"给英商后,次年又签订《卖约》,开平矿产成为英国公司,而张翼却向朝廷谎称是中外合办。

直到一九〇二年十月的一天中方人员在矿务局升起大清龙旗时,英方人员竟称这是英国人的土地,不准悬挂。时任直隶总督的袁世凯一面奏参张翼,说他的举措"不特为寰球所希(稀)闻,抑且为万邦所腾笑";一面通过北京外交部通知英国公使,不承认张翼同英国人订立的合同,同时屡次敦促张翼出面收回开平主权。但是张翼由于有醇亲王做后台,他的继室又和西太后有些瓜葛之亲,只是轻描淡写地受了个革职处分,责成他设法收回开平矿产而已。张翼自己发财有道,为国家争权却无方,交涉始终未能成功。张翼被逼得焦头烂额,还请求小醇亲王载沣替他说项,放他一马。但袁世凯定要追出个所以然来,一九〇五年二月,张翼迫于朝廷压力,带着随员严复和律师前往伦敦,向伦敦法院起诉摩林公司。

张翼在法庭上不急于收回国家财产,不谈废除《正约》,却热衷于那个《副约》答应他的"终身督办"和他那十万元的股份。可是没有《正约》又哪里来的《副约》。法庭初判虽令被告履行《副约》,但在张翼未得到最后结果就擅自回国后,上诉法院又否定了初判。张翼在英国耗时近半年,花费公帑百万,一无所获。以后,在杨士骧、陈夔龙做直督时,都曾为收回开平矿产进行过活动。可是,张翼仍幻想着他那"终身督办",生怕收回后,周学熙会代他为督办。因此,他密奏朝廷说,只要他做了督办,就等于把开平收回了,何必花钱去赎呢?比张翼还糊涂的载沣竟相信了他的话,一直没有支持他人为收回开平矿产所做的活动。

但英商不仅没有履行《副约》,反而变本加厉,想进一步把开平附近的滦州矿源也攫为己有。周学熙、李士伟、李希明、王邵廉等人会商,拟在滦州另辟煤矿,达到"以滦收开"的最终目的。袁世凯派人调查后,证明滦州矿不仅矿苗旺,而且煤质好,遂决定以"官督商办"的形式于一九〇七年设立滦州煤矿,并委派周学熙为总理,孙多森为协理,总部设在天津。

一九〇八年,袁世凯开缺回籍,杨士骧继任为直隶总督。杨性贪婪,时常向海关道索贿,有时海关道送礼慢了些,杨便扬言:"我要派嘎杂子查你的库!"嘎杂子系天津土语,指办事挑剔、不讲情面、难以周旋之人——今天的词义逐渐转化成流氓无赖的同义语,已非当初的原意。所谓嘎杂子即银圆局总办周学熙,可见周办事认真负责,不好通融。

开平总理那森是个英籍犹太人,德璀琳的女婿,有名的中国通,为人狡诈无比。他看到滦矿优势大于开平,便千方百计挤垮对方。他知道滦矿的股本并未收足,经济周转不灵,清政府国库空虚,无力做后援,于是凭借其雄厚资本,采用压价销售的办法,打击滦矿。开平把煤价由八元骤降至二元五角,还附带赠品,如代修炉灶、赠送炊具等。滦矿也只好降低煤价,与之周旋。另外,因京奉铁路系借英款修建,英国人得以控制运输,致使滦煤运不出去,负债累累,渐渐支撑不住。

那森又利用办报,制造舆论。一方面攻击官商办矿的腐败官僚作风,另一方面提出只有请外国人办矿才是唯一出路。虽然揭露官商的大部分言辞也都言之成理,不过,其目的不是帮助中国改进作风,而是要获得商业利益。

不久,辛亥革命爆发,官僚资本害怕革命势力掌权,自己的股份血本无归,遂从原来设法收回开平,变为求助于开平了。周学熙在众股东的压力下,放弃了"以滦收开"的雄心,乖乖地坐下来和英国人谈判。

一九一二年一月二十七日,双方签订开滦矿务总局联合办理合同草案——这标志着长达十年的收回开平活动的结束,不但开平未能收回,连滦州矿也搭了进去。周学熙明白这一损失有多么惨重,除了抱憾之外,只有以辞职来抚平心中的不安了。当袁世凯批准这个合同时,他已经做了大总统,周学熙也当上了财政总长。袁世凯的长子袁克定被委任为开滦督办,每月收入包括三千两银子的干薪、二百两银子的房贴,还有十五吨的煤。

天津开滦煤矿公司的办公大楼

早年的滦州矿务局

一九三六年一月二十四日同为周学渊及陈一甫的生日,周、陈两家兄弟合影。从左至右为周学辉、陈一甫、周学熙、陈西甫、周学渊

启新洋灰厂的旋转窑

唐山启新洋灰厂的八号窑

陈一甫之子陈范有在天津成都道的住宅,这是他自己设计并督造的

启新同仁合影:前排左一为周学辉、中为陈一甫,三排左一为周叔弢、左二为袁克桓、左四为袁克久、左六为陈范有

6. 华新纱厂

一九一五年三月,周学熙再次任财长,以私人名义向袁世凯上了一个呈文,言及欧战以来棉纱、棉布进口锐减,价格飞涨;而且南方纺织厂方兴未艾,华北却没有一家大型纺织厂,为富国利民,向政府商借一百六十万银圆兴办纱厂,一年为期归还原款。袁批示财政部照办。不久,帝制议起,周学熙为避嫌,在北海闭关,所以建厂速度放慢。

一九一六年,段祺瑞当政,曹汝霖任财长,以为华新商股未到位,准备收回官办。周学熙此时彻底脱离政界,遂出面召集发起人举行会议,决定退回官股,并即时集资八十万,完全改为商办,在天津开办的第一家华新纱厂,于一九一八年正式投产。因为当时棉花价格低于棉纱,所以当年即还本盈利。周学熙见此,遂在青岛开办第二家纱厂,接着又在河南卫辉开办第三家。

一九一八年九月,徐世昌任大总统,想邀周学熙再任财长,但周绝意远离仕途,坚辞不就。徐看他并非故作姿态,便委任他为"全国棉业督办"。周学熙在任三年期间,建立棉业公司,改良棉花产业;开办棉业传习所,培养纺织人才;改良棉田,多有收获。一九二二年徐世昌辞职,直奉战事起,周学熙看到政治环境恶劣,遂辞去督办一职,事业未竟。

7. 京师自来水公司

一九○七年,袁世凯调任军机大臣兼外务部尚书,在慈禧太后的心目中,他是个办理新政的能人,适逢北京常常发生火灾,便问他如何能够防火。袁答以兴办自来水公司,并推荐了周学熙来督办此工程。一九○八年,周学熙进京任京师自来水公司经理。周学熙亲自带领技术人员勘察水源,以通州附近的孙河最为适合,遂选定水厂厂址在东直门外,筹备建立水塔,铺设管道等项工作。最后,经过招标,与德国瑞记洋行签订合同。但在施工中,当铺设管道经过东直门的皇族坟地时,遭到皇亲国戚的阻挠。之后,光绪皇帝和慈禧太后又相继去世,为演习出殡时抬梓宫的皇杠,当局强令把道路修理平整。因此,经过二十二个月的精心施工,才终于在一九一○年初向北京城内的通衢小巷供水。

当时北京人口二十五万户,历来靠井水生活。井有甜井、苦井之分,打水、卖水的以山东人为主。自来水公司又安排这些靠水为生的人管理设在各处的水站，免于失业，可谓是用心良苦了。

北京自来水公司办公楼

东直门水厂的水塔

可是如此便利的清水送到家门口，有些思想保守的人硬是不愿意用，他们看到自来水上的一些水泡，硬说这是"洋胰子水"，还说里面有杂质，甚至有毒，喝了会死人，等等。周学熙亲自撰文在《北京日报》《帝国日报》等报纸上做宣传,向市民解释自来水的优越性,并用免费赠送、低价供水等方法促销。毕竟用自来水比用井水方便许多,而且干净,所以很快就被广大市民接受。周学熙所建的水厂及铺设的管线,构成了北京市供水网的初步格局,其产水和供水设施在此后五十年里发挥了重要作用。

四、两任财长

1. 整饬财政

"民国"元年(一九一二年),唐绍仪内阁组建三个月之后,因和袁世凯意见多有分歧,便于六月十五日留下一纸辞呈,不告而别,去了天津。七月,袁世凯任命周学熙为新内阁财政总长,周于八月到任。九月,周在向国会报告财政方针时,提出"欲谋国库之充裕,必先谋民富之增加",即整顿财政和发展经济并举。

(1)治标方法——改革税制。周认为当前税制的不合理在于穷人纳税过重,而富人纳税偏少,甚至不纳税。周参照西方和日本的税法,改革这种不合理现象,尽量做到公平。

另外,针对各省经常截留国家税款的弊政,提出合理分配国家和地方税款的办法。由于税法改革的成功,"民国"二年国库增收五百多万元的岁入。

(2)治本方法——发展生产。周学熙认为,改革税制只是做到收税方法的合理化,可是更关键的是增加税源,这才是治本的方法。所以他提出开发、保护产业,即从国家预算中提出十分之一的资金开发矿产、石油、码头、铁路、纺织业,等等。其他,还有发行公债,设立国家银行等提议。

只可惜,没等到他的抱负实现,二次革命爆发,一切计划归为泡影。

2. 善后借款

民国甫一成立,继承了清政府的烂摊子——民生凋敝,国库空虚,外债高筑、财源枯竭。不但庚子赔款要照付,且辛亥革命之后各省独立,停止向中央输款,所以南京临时政府时期就开始向外国借款。一九一二年二月,经孙中山之手向俄国道胜银行借款两百万。三月,经孙中山、袁世凯手向比利时的华比银行借款一百万。北京政府也曾试图发行公债,无奈政府信誉不著，国人响应者少。当时，政府中最难当的就是财政总长——毕竟巧妇难为无米之炊。

一九一二年春天，唐绍仪任内阁总理时，即开始与四国银行团（英法德美）商借六千万英镑贷款，以缓解政府的财政困难。但因条件苛刻，谈判未成。三月，熊希龄财长继续谈判，此时日俄两国加入银行团，借款仍无进展。

周学熙接任财长后，清醒地看到，当时积欠外国到期债款已达八百八十万英镑之多，若不及时还清，不但有失信用，而且一旦引发债权纠纷，将会引起破产的严重后果。何况还有需用于赔偿辛亥革命中外国商人的损失款、各省裁军费、中央行政费、军饷，等等。要应付这焦头烂额的局面，除了借债无第二法可想。

当时的有识之士，无论是新党还是旧党都认为借款是唯一可行之路。例如，国民党的党魁宋教仁、安徽都督柏文蔚、江苏都督程德全都持这样的看法。甚至孙中山也认为："并非绝对的谓债之不宜借也。"周学熙经过国务会议商讨，确定了借款的五条基本原则，参议院也认可了这些原则。

于是，十一月份，借款谈判又开始了。本着无论如何要借到款为第一要务的原则，周学熙面对外国银行提出的苛刻条件，不得不委曲求全，忍气吞声，终于达成二千五百万英镑（折合中国货币为两亿）的高息（五厘）借款。借款条件不但指定了款项的用途，而且以中国盐务收入、关税收入，以及冀鲁豫苏四省的中央税款作为担保；另外附带若干政治条件，如成立盐务稽核所，聘请外国人参与盐务稽核事务等。去除欠款、利息，等到借款到了中国政府手中，只剩下一千万。

一九一三年初，正当借款谈判紧张进行时，却发生宋教仁被刺一案，引起政治动荡。借款合同签字的当天，宋教仁案凶手的证据也被公布出来，引起社会舆论一片哗然。国民党把因宋案引发的怒火，发泄到借款谈判上面，指责此次借款是"丧权辱国"。矛头虽然是对着袁世凯的，但周学熙却成了替罪羊。国民党以革命和爱国为诉求，指斥财长卖国，是汉奸——许多原来赞成借款的人也反对起来。这些反对意见不是针对借款是否有必要,而是用来作为政治争斗的借口。他只好于五月十四日借病辞职,去青岛侍奉老父。算起来,他只做了九个月的财政总长,个中滋味,冷暖自知。

宋案的发生成了二次革命的导火线,袁世凯政府刚好用借得的款项作为军费,这更给了国民党方面攻击"大借款"的口实,说借款就是为了消灭敌对党的,使得周学熙有口难辩。明明国会已经通过,却偏偏说它"不合法"。周学熙连着递了十几次辞呈,直到九月十四日,袁世凯才批准他辞职。

3. 第二次上台

经过"赣宁之役",国民党被赶得烟消云散,老袁暂时获得军事上的胜利。接着,他又解散国会,驱逐国民党议员,各省行政逐渐走上轨道,中央的权威稍有提高。但是,国库又被战争掏空了,国家、地方税款分收、分支的计划也没施行,总之还是一个"穷"字——袁世凯又想起用周学熙来为自己筹钱。周有过一次经验,知道这财长不是好当的,遂和袁玩起了捉迷藏的游戏。一九一四年十一月,周馥、周学熙父子过生日,袁早早派杨士琦把寿礼送来,顺便要周学熙进京就职。吓得周学熙连夜出逃,先到唐山察看启新、滦矿的生产,再到山海关、葫芦岛转了一圈,半个多月才回家。他前脚进门,后脚袁大总统的差人就到了,百般推脱不掉,只好同意任个财政部顾问。一九一五年二月,周学熙奉父命赴京答谢总统祝寿之美意,正好被抓个正着。三月,周学熙再度出任财长兼盐务署督办。

周学熙曾费尽心力地整理田赋、整顿盐务、实行烟酒公卖等措施以增加政府收入。田赋、盐税都有逐年递增的趋势。同时为了通融资财,振兴农工业,周于一九一五年在北京通县开办"通县农工银行",这是中国第一个面向个体农民的银行,通过向小农发放小额贷款,不但鼓励了农业生产,也救济了许多处于困境中的农户。

周学熙任财长期间,由于欧战正酣,进口的棉纱、棉布锐减,致使价格攀升。由此他看到了在华北地区发展纺织业的机会。于是由周学熙的亲族们联合集资,开办了华新纱厂。尽管周学熙利用其职务之便、特权、关系网,享受了诸多的优惠,但毕竟是开创了民族工商业的先河。

周学熙长年经办企业，所以对于理财的确有一套办法。民国三、四两年，政府财政明显有所好转。表现在中央财税显著增加，各省恢复向中央输送税款，又通过改革税制、实行烟酒公卖、厉行政府紧缩政策、编制财政预算等措施，使得两年间国库有所盈余。周学熙也赢得"中国一流理财高手"的美誉。但是，袁世凯复辟帝制的活动，使眼看逐渐上轨道的经济形势毁于混乱之中。

本来，袁世凯身边的幕僚中，就有皖派和粤派之争。粤派又称交通系，以梁士诒、朱启钤为首。皖派周学熙虽因勇于任事而被目为首领，实则中心人物却是杨士琦。而且皖系徒有虚名，内部既无组织，政见又不统一。粤派为了摆脱政治上的困境，加紧鼓吹帝制。杨士琦为了谋求个人出路，也一味襄赞之。周学熙却完全不同意帝制，但他的副手、任财政次长的张弧（岱杉）是倾向梁士诒的，曾暗中高价收买周学熙的字纸篓，以侦其机密。周学熙知道后，先发制人参劾张弧，将他发往四川陈宧处效力。北京报纸讥讽曰："圣代即今多雨露，暂时分手莫踟蹰。"周学熙曾力劝袁不要违背民意，一意孤行，"与其搞帝制而失败，曷若以'终身总统'而谋中国富强"。此时，袁已经钻进死胡同，听不进忠言相劝，周学熙只好避居北海"濠濮间"，不与任何人来往，以明心迹。

一九一六年四月，帝制撤销后，周学熙才得以回到天津家里。六月，袁世凯病死，黎元洪继任总统，周终于彻底离开政坛，专心自己的事业。

一九一八年，徐世昌任大总统，打算再次邀请周学熙出山主管财政，但是周经过洪宪帝制的变故，誓言永不为官——虽然他是个旧官僚，但还是有信念、有操守的君子。但此时他正当壮年，不愿就此沉沦，为了发展中国的棉纺织工业，以解决民生"衣食住行"的首选之需，他接受了徐世昌的委任，担任"全国棉业督办"。

任棉业督办期间，周学熙从统筹改良棉田、种植棉花、收购棉花、开办纺织厂、培养纺织工业急需的人才等方面入手，大力发展纺织业。正当周学熙大展抱负之时，北洋政局又起变化。徐世昌下台，直奉战争开打。周学熙不得已于一九二二年辞职，心中的理想付之东流。

五、晚年

周学熙脱离政界后,一心主持华新公司,但军阀连年内战,不给他以和平的环境。周见国事日非,遂致力民间建设,以贯彻其平生实业救国的志愿。

华新纱厂本来打算在华北设厂五处,可是直皖战罢,直奉又开打,周学熙年逾花甲、精力日衰,政局变幻,不易周旋,遂毅然辞去各公司所任职务,而着力于社会慈善及福利事业。受其惠者,主要有天津、北京和其建德家乡。举其大者简述如下。

一九○三年,周学熙自日本考察归来,见到八国联军蹂躏后的津门,灾民填街充巷,许多俊俏的村姑为生计所迫沦为娼妓。周学熙乃和夫人刘氏重整天津"广仁堂",设女工厂,收养无家可归的妇孺数百人,教她们学习谋生技术。刘夫人根据妇女们的年龄、智力,把她们分成几班,分别教以机器缝纫、刺绣、织布、编草帽辫等手艺,使不少濒临绝路的人们又找到生路。

周学熙八十寿辰时和老妻合影

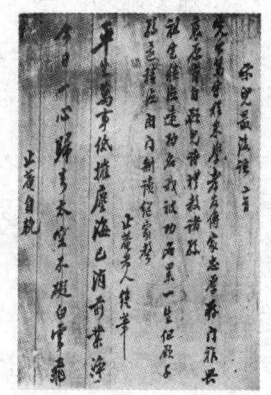

晚年的周学熙　　　　　周学熙给子女们的遗嘱

一九〇七年,周学熙母亲吴太夫人逝世于扬州,临终曾遗言:"吾邑地瘠民贫,兵燹之后,生计愈绌,欲图补救,端在教养,此吾之志事也。"周学熙时刻未曾忘记老母的嘱咐,一直为桑梓奉献,不遗余力。

一九〇八年,在建德立"周氏敬慈善堂",作为经办各种慈善事业的总部。翌年,捐资兴办"农林公会",开辟荒地二十余亩,当作试验场。以此为基地,劝导乡民开荒,种植茶树、桐树,增加收入,惠及乡里多多。

一九一〇年,为救济贫苦乡民看病就医,捐办"建德医院"及施诊所,每年有近万人得到治疗。

一九一六年,周在家乡创办"积谷所",每年青黄不接时,平粜与民,抵制了高利贷商人对农民的盘剥。

一九一七年,天津大水为灾,市区街道顿成泽国,周学熙的寓所也被淹。他一面调集启新、开滦的运输船运送灾民到唐山,一面与社会各界联络,捐资赈灾,救济难民。

一九一八年,设立"医学传习所",以培养乡村医生;一九二〇年,辟"蚕桑试验场"教给农民种植桑树,喂养蚕虫的知识;一九二一年,成立"乐济会",发放残、老、寡、婴四种恤款;周学熙始终认为,欲提高国民素质,必须普及教育,一九三四年,他把自己的田地两百三十多亩捐出,作为奖学金发给贫困学生。

一九二〇年,冀鲁豫三省大旱,灾民麇集天津。周学熙目睹衣衫褴褛

的村妇沿街乞讨却要不到吃食,怀里的婴儿又嗷嗷待哺,使他寝食不安,曾作《乞妇叹》:

  一食全倾卒岁资,今生无复翌朝期;
  手牵儿女肝肠断,更忍婴孩索乳时。

  因此,他慷慨捐资开办粥厂,救活饥民无数。

  一九二八年,国民党政权代替了北洋政府,安徽乡里有人告发周学熙是帝制余孽。省党部和省政府将周氏在家乡兴建的福利、教育事业全部没收。农林公会和周氏敬慈善堂的雇员全部遣散,济贫粮仓被抢掠一空,图书馆的书籍被烧毁,学堂师生驱逐回家,建德医院也难逃兵燹之灾。

  一九三三年,北京的"䦆社"成立,是慈善总机关,周学熙对其时有捐助。一九三九年,周捐助成立䦆社"恤嫠会",向孤贫寡妇提供抚恤,还施放棺木给无力丧葬的人家。

  一九三九年,天津又发大水,周学熙嘱咐儿孙们联络同志,办义赈,救难民。

  一九四七年,周学熙去世的那年,本着"赤条条来,空荡荡去"的宗旨,将自己的房产捐给䦆社。他死后,其亲族为发扬他的精神,集资三十亿元(旧币)赠给北平"中和医院",建立病房一所,名为"诚惠楼",并将其收益当作免费床位的经费,以利贫病。

  经过日本侵略者的破坏和国民党政府的排挤,周学熙晚年痛感为商的不易和做人的艰难。他天津的宅院数次遭遇劫匪抢劫,他感到世风日下,人心险诈,遂有了避世的想法。他曾一度想要到偏僻的陕西金州(今称安康)去寻找避世的"桃花源"。因为此地民风淳朴,环境闭塞,受外界恶习熏染较少,而且易守难攻,是躲避外敌的理想地方。所以他决心率领子侄到此建立一个闭门耕读的小天地。但这不过是他的一厢情愿,残酷的现实绝不允许他逃离。

  他只好独善其身,起码在自己的大家庭里面,创造一种以儒家道德为准绳的"理想国"。于是,一九二四年他在家里建立一间名为"师古堂"的读书会——取古为法、以古为师,以教育子孙为余生的志愿。他以大家长的身份要求京、津、唐的子弟不论职业、不限年龄、不分男女,每月参加两次读书活动,集有各房子弟四十余人。该堂于一九二六年开"文课",文课每月两次,分诗、文、字三种,"字"是练习毛笔字,大小楷均可;诗、文由老师命题,学生选作,限期交卷,教师评分,按照等级发给学习用品,以资鼓励。周学熙还亲自规定了"熟读""熟看""熟讲""熟查"的四类经典。他试图通过经史的学习,使周家子弟"笃守程朱,孝友传家,忠厚诗礼,勤俭耕读",以整顿家族,振奋家风,进一步影响社会风气。周学熙和他的七弟学渊、九弟学辉,身体力行,亲自参加文课,每次上课都要交上自己的诗作一篇。其他子弟虽然都有职务在身,也不敢旷课和不交作业。

一九三〇年,周学熙在北平寓所成立"师古堂刻书局",选刻一些家塾用的教材,费用由他一人承担。在一九三〇年至一九三六年,共刻书五十余种,包括经史子集各类。一九三八年,师古堂开设"讲课",每周日由宿儒马岵庭讲授经典,如孝经、性理、古文等,开办近一年。

可是他的善良愿望抵不过严酷的现实,就在他循循善诱地教导自己子弟的时候,一些不肖子孙屡屡违背族规、族训,干出令他失望的事情。例如,其长兄学海的五子于一九二七年背着叔伯,私开志成银号倒卖金银,破产后被债权人举报涉讼,周学熙赔了不少钱财才结束这场官司。又如他的三子明夔(叔迦),一九二七年背着父亲在汉口私营商业,结果受人愚弄,家产赔光。

周学熙理想破灭,只好皈依佛门求解脱。他每天诵经念佛,默读《金刚经》《心经》《阿弥陀佛经》,行步念佛两千声。周叔迦后来也笃信佛教,最终成为著名的居士。周学熙给儿孙们留下最后的诗道:

  先公笃信程朱学,孝友传家忠厚存;
  门祚兴衰原有自,愿儿诗礼教诸孙。

  祖宗积德远功名,我被功名累一生;
  但愿子孙还积德,闭门耕读继家声。

人之将死,其言也善,周学熙的临终遗言自有其深刻的含义。

周学熙自撰墓志铭道:"居士性拙,无他长,惟持躬涉世,一矢以诚;慕范文正之为人,尝以裨益民生为己任。"周学熙虽富可敌国,但自奉甚俭,四十年来戒绝荤腥,唇不沾酒。晚年将所有的皮衣出卖用于救灾助赈,自己只以一件棉袄过冬。临走之前,他留下遗嘱,将他在北京西城屯绢胡同的寓所捐献给北京䎛社恤嫠会。一九四七年阴历八月十二日,周学熙在北平逝世。其生前自作挽联曰:

天生万事低摧,尘海已消前业净。
今日一心归去,太空不碍白云飞。

北京那些受其恩惠的市民百姓们痛哭流涕,感念他的好处,家乡的父老也纷纷哀悼,设案遥祭之。北京公众公议赠谥"诚惠",所以人称"诚惠公"。

第三章 儒商从政藏书家
——周叔弢

◎

一、儒学为本

1. 自小博览群书

周叔弢(一八九一——一九八四),原名明扬,后改为暹,字叔弢,以字行,一八九一年七月十八日生于扬州。

周家在扬州的旧居是一极普通的民房,只是照壁不在门里,却在门楼的对面。这在江南一带是庙宇、官衙的布局,因此人们多有议论他家的风水如何如何。少年的周叔弢就在此"老屋"中过着极俭朴的生活。他父亲周学海有一间狭小、简陋的书房,藏书不多,自己终年在里面读书、著述。周叔弢轻易不敢到父亲的书房去,但父亲好学不倦的习惯却对周叔弢及整个周家产生着极深的影响。

周叔弢自幼体弱多病,这大概也是遗传的原因。他五岁即入家塾读书,因为其祖父周馥终生未曾得到功名,所以极为重视子孙的教育,以重金礼聘宿儒,为他们将来步入社会打好基础。家塾中以旧学为主,除讲解诵读四书五经之外,还要学习《左传》《史记》之类的经典。诗词是必不可少的功课,还要临帖,写大小楷,同时也学习英文。但是,家塾安排的课程已不能满足他的求知欲望,他还时常到书肆中淘书来看,无论是古文、现代杂文,还是翻译的外国作品,他都买来读。他祖父喜欢看到孙子们读书,他父亲更是不加干涉。所以他看的书许多以旧时眼光看来,属于"闲书"。幼年时养成的习惯对一个人终生的影响甚大,所以周叔弢一生爱读书,也爱搜集书。

年轻时的周叔弢

由于家塾的严格训练,他的古文、诗词都打下深厚的根底。他后来曾入过新式学校,并考上了上海圣约翰大学,但因肺病没有去报到。

一九〇六年,周叔弢的父亲周学海去世。他身后将家产分为六份,遗孀和五个儿子各得其一,每人五万元。周叔弢当时只有十六岁,手中握有一笔巨款,如何打发是个很费思量的事情。若是吃喝嫖赌,花天酒地,五万块钱也并不算多。但周叔弢首先想到的是买书。

他在经济独立以前,不敢买书,事实上也买不起。他原来逛书肆,只是买一些廉价的石印本,上了一元钱,就不敢问津了。这时,自己可以支配钱财,买书也就随心所欲,从此养成了买书、藏书的嗜好。

一九一〇年,周叔弢的母亲徐太夫人故去。他家经营的"泰合成"盐号在江北有一定的名望,凭着龙票运盐,家里还养着兵丁,周叔弢若是接掌祖传的成业,做个优哉游哉的乡绅是没有问题的。但是,随着时代激烈的动荡,兄弟们各自东西,他的长兄周今觉去了上海,他也不愿意留在闭塞的扬州,去做个整天锱铢必较的盐商。

2. 兼顾中西

一九一一年,辛亥革命之后,周馥不愿做民国的官,避居青岛,周叔弢也随之迁往那里。青岛有个德国牧师卫礼贤(一八七三——一九三一),他本想以基督教来拯救中国人,结果没有接收一个基督徒,却反被中国的儒学所征服,自取了一个中国的字"希圣",并在青岛办了个"礼贤书院",开始了他沟通中西文化的事业。

卫礼贤出生在斯图加特一个玻璃匠的家中，就读于著名的图宾根神学院——著名哲学家黑格尔、谢林的母校。一八九九年，卫礼贤被教会派往中国青岛。他不满足于过着传教士那种与中国人隔绝的优越生活，而宁愿与中国人接触，且不带丝毫的优越感。为此，他刻苦学习汉语。一九〇〇年发生的义和团运动使许多义和团参与者甚至是无辜者被外国军队杀害，而卫礼贤经常挺身而出，保护了许多无辜的中国人。后来，他开办了一所学校和一所医院。他极愿意与受儒家传统教育的

卫礼贤

中国士大夫阶层来往，同时学习儒家经典。一九二〇年，卫礼贤一度回国。一九二二年，他再度返回中国，在北京德国驻华使馆中担任科学顾问，同时在北京大学教授德国文学和哲学，与一个由德国人和中国人组成的小组共同编写了一部德英汉哲学词典。一九二四年，卫礼贤在法兰克福大学任教，直至去世。他还曾在劳乃宣的帮助下，将《易经》翻译成德文，一直被西方汉学家奉为圭臬。

周叔弢到了青岛就与卫礼贤成了好友，曾向他学习德文，二人取长补短，还合作翻译了德国哲学家康德的一封信——《康德人心能力论》——周叔弢要算是中国第一个翻译康德著作的人。他们本打算再合作翻译康德的名著《纯粹理性批判》，但因第一次世界大战爆发，德国侨民被遣返归国，计划未能完成。

不久，周叔弢到济南入赘萧家，做了萧应椿的女婿。

萧应椿原籍昆明，其父萧培元是翰林出身，曾任济南知府，参与过治理黄河工程，受山东巡抚丁宝桢的赏识，朝廷赐给二品顶戴。萧应椿应考一九〇三年的经济特科时，考中二等第七名。曾任职山东农工商务局，辛亥

周叔弢的原配萧琬，即周一良的生母

革命后弃职在家,定居于济南。

周叔弢的第一个妻子萧琬文化根底极深,写得一手娟秀的小楷,还学习过英文,并准备学习德文,但还未曾开始便在一九一三年生产后猝死。

二、实业救国

1. 经营华新纱厂

一九一四年,周叔弢北上去了天津。当时,其四叔周学熙正准备筹建华新纺织有限公司,拟在天津、青岛、通州、郑州、石家庄建立五个纱厂,但因袁世凯酝酿帝制,周学熙采取了不合作态度,遭到袁的软禁,遂使建厂工作搁浅。一九一七年,徐世昌任大总统,周学熙彻底脱离政界,专心致力实业,重提旧议,集资八十万,完全以私人股份投资,建立了天津纱厂。一九一八年,工厂建成后,当年即有盈利,于是又开始青岛纱厂的建设,由周叔弢出任其常务董事,参加了建厂和经营管理工作。周学熙把青岛华新纱厂完全交给周叔弢管理,自己从不干涉。周叔弢并没有学过纺织工业,更非企业管理专业毕业,但他办事认真负责,任劳肯干。从国外买来的机器到厂后,他不顾体弱有病,亲自参加验收、组装,直到运行生产。

以后,周叔弢参与了华新公司在天津、青岛、唐山和卫辉四个厂的管理工作。那时工厂里面的主要矛盾是地方派系之间的斗争,例如天津厂里面分为无锡和安徽两派;外部又面临日本等国家倾销的压力。周叔弢出自公心,不避嫌、不避亲,锐意改革,选贤任能,调整人事,终于将工厂的生产和管理纳入正轨。

然而,在此期间,事业每前进一步,都会遇到日本人的刁难和侵蚀。一九一八年,他主持筹建青岛华新纱厂时,青岛还没有一家纱厂。日本人得知将有华新建厂之举,就加紧兴建日商棉纱厂,并在华新厂投产之前率先投产出纱,处处挤压、打击华新,所以青岛华新从一开始就处于与日商严酷的竞争之中。后来日本人又增建新厂,形成了六对一的重重包围。虽然周叔弢抱着爱国之心,殚精竭虑地在竞争中扬长避短,但还是造成华新纱厂严重亏损的局面。

周学熙见此情况,将周叔弢调回天津,自己与儿子周志俊负责青岛华新的治理,使其逐渐立稳了脚跟。此后不久,周叔弢又参加了华新卫辉纱厂、唐山纱厂的创建工作。这些企业蓬勃发展的时候,也是一九三三年继"九一八"事变之后,日本人占领了华北地区,推出了由汉奸殷汝耕为首的伪政府的时候。日本人的军事侵略、经济渗透无所不用其极。他们在华北、冀东一带大量低价倾销棉纱、棉布。对于纱厂,他们分别采取"收买""合作""入股"的办法,以达到吞并的目的。日本人为了独占中国纺织品市场,对中国的民族纺织业采取种种限制手段,先是要收买,周叔弢不予理睬,又提出"合作方式"入股,周叔弢故意拖延,甚至暂回天津,居家不出。日伪为了逼他屈服,就用高额统税来压垮他,这样一来,华新各厂陷于困境。最后纱厂无路可走,日本人提出了收买百分之十五股权的强盗要求,而周叔弢则毅然拂袖而去,拒绝与日本人合作,辞去了总经理的职务,回到了天津。

最终,在日本人的强大压力之下,一九三六年八月,天津华新纱厂以一百二十万售与日商。其他三个纱厂也都或卖或合并归于日商。

后来敌伪鉴于周叔弢在工商业界的威望,多次前来请他"出山",均遭拒绝。抗战期间,事业举步维艰,董事、监事的车马费有限,在最困难的时候,他不得不变卖股票和藏书维持生活,直到盼来抗战胜利。

2. 启新洋灰公司

抗战期间,周叔弢和燕京大学还有过一段交往。一九四一年十二月八日,燕京大学被日本宪兵队查封,许多爱国师生被捕,其中有著名教授陆志韦、洪煨莲、邓之诚、赵紫宸、林嘉通、蔡一锷、侯仁之等人。后来陆志韦、洪煨莲等虽然陆续被释,但不准离开北平,这些人失去了经济来源,生活顿时陷入困境。一些留在北平的师生时常聚集在洪煨莲家里,计划着从美国教会手中接收学校,并联络天津实业界人士达成一项互惠的协议。燕大从天津工商界募集办学经费,又将优秀毕业生输送给天津工商界。周叔弢先生是热情的赞助者之一。

抗战胜利后,燕大复校,一九四六年成立了燕京大学工学院,天津的民族企业家李烛尘、周叔弢等人给予了部分资助,从此天津工商界和燕京大学有了密切的联系。

一九三七年至一九四四年,周叔弢在天津闲居,虽然仍担任启新洋灰公司的董事职务,但由于货币贬值,物价飞涨,时常也需变卖股票和出卖藏书度日。

二十世纪三十年代的唐山启新洋灰厂

位于天津的启新洋灰公司大楼

北京大学(当时为燕京大学)的办公楼,就是于一九二六年用启新公司生产的马牌水泥建造的

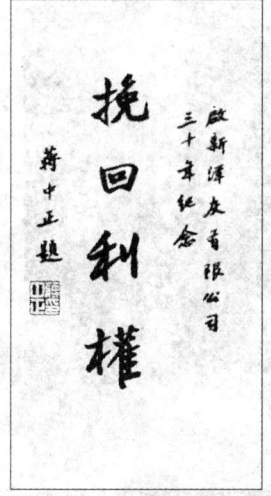 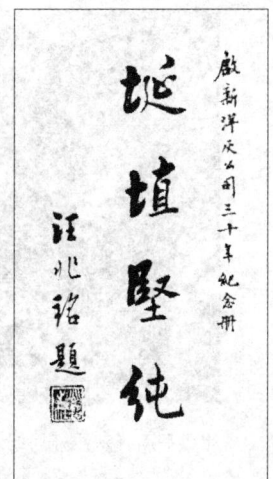

蒋介石给启新公司的题词:"挽回利权"　　汪精卫给启新公司的题词:"埏埴坚纯"

启新公司里面派系斗争十分尖锐,袁世凯的六子袁克桓、七子克轸与九子克玖因握有启新的大量股票,先后进入启新公司。不久他们和周学熙一派发生利益矛盾,袁克桓策动袁克轸在董事会上首先发难,揭露周学熙用人不当,造成公司业务受损等。因为克轸是周学熙的妹夫,周不好当面争吵,当场退出会场,回去后即辞职不干了,这样一来助长了河南派的声势。一九三三年,袁克桓终于当上启新公司的总理。袁克桓又在湖北建起华新水泥厂,在南京创办江南水泥厂。在日伪时期,启新公司以大量水泥支持日寇侵华,冈村宁次曾赠予袁克桓一把军刀——他是袁家和日本人有交往的唯一一人。

日军侵占下的启新水泥厂

唐山启新洋灰厂开厂纪念

一九三六年,启新公司与中国水泥公司联营的谈判代表,右四为袁克桓,左二为陈范有

一九三四年在江南水泥厂工地,左一为陈范有,左三是袁克桓

江南水泥厂远景

一九四三年,启新协理之一的王仲刘去世,另一安徽系的协理陈范有鼓动周叔弢竞选董事,以加强本系的力量。周叔弢遂于一九四四年向袁克桓毛遂自荐要当董事,袁不得不同意让他进入董事会,但没有给他协理的位子。直到一九四五年日本败像明显,周叔弢才于七月份担任了协理。八月,抗战胜利,袁克桓、陈范有辞去总理职务,由周叔弢继任总理。腐败的国民党政府不知道利用大好形势整顿人心,却反其道而行之,派出大批的"接收大员"抢夺敌伪财产,趁机发国难财、个人财。经济部特派员指责启新有资敌行为,要求改组启新董事会。启新怕被扣上经济汉奸的罪名,请行政院长翁文灏介绍一个总理。翁便推荐了姒南笙,但陈范有说服姒,还是由周叔弢任总理,姒任协理,并改名为总经理和副总经理。

一九四七年全面内战爆发,东北首先变为战场,启新洋灰在东北滞销。国民党政府又允许美国军用水泥免税进口,启新在江南的销路也被堵死,产品积压,生产濒临瘫痪,以致发工资都有困难。这时国民党政府为摆脱经济危机,改革货币,发行"金圆券",终于丧尽人心,走向了灭亡的道路。

随着政权更迭,周叔弢也迎来了他的新生。

三、从政为民

1. 拒绝南迁

抗战胜利后,天津工商界有个"三五俱乐部",每逢周三、周五开放,参加者都是资本雄厚的头面人物。

随着国民党军队在战场上的失利,其政权面临着全面崩溃。国民党政府迫令天津的工厂企业南迁,诸如永利、久大、东亚、启新等大型企业都在南迁名单之内。一个工厂的搬迁谈何容易,许多厂主惶惶不可终日,他们经常云集于"三五俱乐部",交换对时势的看法和应付南迁之策。

周叔弢和李烛尘等人是反对南迁的:这样大型的工厂,迁到哪里?如何迁法?数以千计的职工如何安置?这些都是实际且不易解决的问题。但是,另一方面,众人都知道,共产党的革命对象就是资产阶级,他们这些人将来的命运堪忧,所以他们都是处在一种忧心忡忡、进退维谷的境地。当然,这些人不会相信"共产共妻"的谬论,但是对共产党的具体政策仍然充满了疑虑。

一九四八年,天津、唐山相继被攻克,这时华北一带人心惶惶,有钱人大多设法南逃。周叔弢的堂侄周骥良已是共产党的地下工作者,经常带给他一些共产党的出版物。周叔弢通过学习,了解到一些共产党的政策,很自然地也和众人一起迎接了新政权。为了拥护新政权,他还将其公司在美国的存款提出汇到国内——当时最缺的就是外汇——所以周叔弢与新政权建立了良好的关系。当时天津战事刚结束,政府需要地方士绅帮助维持秩序、通水通电、恢复市场,于是周叔弢与其他几个资本家参加了天津市军管委员会。可以说周叔弢为共产党政权的稳定是立了功的。

周骥良乃是周馥之子周学辉的孙子,生于一九二一年,一九四五年毕业于北京辅仁大学历史系,上学时即加入中共地下党。一九四九年后,周骥良先后任职于天津军管会文艺处创作组、天津文化局,并担任天津作家协会副秘书长、民间文艺家协会主席,天津炎黄文化研究会副会长、民俗研究会会长,天津侨联作家艺术家联谊会主席等,作品主要有《川岛芳子前传》《李鸿章与慈禧》等。

2. 帮助共产党

一九四九年四月刘少奇来天津视察,传达了共产党对私营工商业的政策——这本来是毛泽东的意思,据说主要就是针对周叔弢等在津的企业家来的。刘少奇对周叔弢等人为发展民族工业所做的贡献予以肯定,说:"周先生,你办的这些工厂养活了工人,你是有功的。"并鼓励他们继续努力工作,为繁荣经济再接再厉。周叔弢说:"我的启新洋灰公司开了几十年，赚了钱，发展到两个厂、三个厂，现在还想再开几个厂。但是又怕厂子开多了，剥削工人也更多了，成了大资产阶级，我的罪恶就更大了。"刘少奇却回答他说："资本主义在一定条件下是进步的、有功绩的，你想开第四个厂子，不但不是罪恶，而且还有功劳。"刘少奇对东亚毛纺公司总经理宋棐卿也这样说："你现在才办一个厂子，将来你可以办两个、三个，甚至八个厂子，到社会主义的时候，国家下个命令，你就把工厂交给国家，或者由国家收买你的工厂。"不过，因为整个国家的形势使然，刘少奇的允诺并没有兑现，无论是周叔弢，还是宋棐卿，都没有再办新厂。

"三反""五反"运动中，周叔弢被定为"大老虎"，准备作为重点打击对象，后来因为上面的保护，他才没有遭难。但是他原来的房产都交给政府了，之后政府重新分配给他一间小一些的房子。

几年后，公私合营运动兴起，原来的工厂也都交给了国家。事后，王光美在向毛泽东汇报时，提到刘少奇会见资本家的时候，说："少奇在天津还几次见了资本家，找了大资本家李烛尘、周叔弢等谈心，做他们的工作。"毛笑着说："就是让他去做资本家的工作的。"不料，"文革"时，这成了刘少奇的一个重大罪行。

一九四九年九月，周叔弢当选为中国人民政治协商会议全国委员会常务委员；一九五〇年，周叔弢当选为天津市第一任副市长，走上从政之路。按说，周叔弢一直经营大型工矿企业，让他管理工业是顺理成章的事情，可是他的分工是负责"绿化"。当然，今天人们的思想有所进步，认识到环境保护是极重要的一件事情，但在当时不过是个挂名的闲差罢了。同时他还担任启新洋灰公司总经理职务。在他领导下，公司对以前的一些不合理的制度进行了改革，如改两班制为三班制，在工厂内成立职工医院、职工宿舍等福利部门，受到职工们的欢迎。

一九五四年，共产党过渡时期的总路线公布，周叔弢率先提出将启新洋灰公司实行公私合营，

周叔弢在机场

比全国的公私合营运动还要早两年。而且他自动提出放弃定息。

"文革"之浩劫,周叔弢自不能免,抄家、挨批斗都是没逃过的。当几十个手持大棒的红卫兵雄赳赳闯入家中时,周叔弢怕这群只知道整天高喊革命,却不知道"革命"为何物的无知少年不识好歹,来个玉石俱焚,便婉言告诉他们,他的财产都是属于国家的,请天津图书馆和博物馆来人清点。在家里的收藏都被运走之后,他才了无牵挂地搬到被指定的十平方米小屋里面,终于了却一桩心事。好在很快他被定为受保护对象,一九六六年的"十一",上面通知周叔弢要上天安门。前一天还剪着阴阳头的周叔弢立刻改变了命运,有人给他理了一个小平头,洗了澡,换了一身新衣服,去了北京。虽然他没有受到更大的冲击,但还是在七十五岁高龄时去了"五七干校"。

"文革"结束后,周叔弢更上层楼,被推举为全国政协副主席。

周叔弢和其他上层民主人士一样,未曾对前途绝望。他们深信,治国安邦,务求人尽其才、物尽其用、货畅其流。而"文革"中,以阶级斗争为纲,使各族人民包括工商业者遭受了一场空前的灾难。古稀之年的胡子昂被扣上"牛鬼蛇神的头目""搞资本主义复辟的干将"两顶大帽,荣毅仁被扫地出门……尽管遭此不公正待遇,他们内心深处都不曾动摇对共产党的信念。胡子昂坚信:"总有一天会重见光明,颠倒了的历史总会顺应过来。"荣毅仁安慰家人说:"我们跟着共产党走了这么多年,党是不会抛弃我们的。"他们默默地期盼着,等待着……终于,他们等到了这一天。

3. 再立新功

一九七九年一月十六日下午,胡厥文、胡子昂、荣毅仁、古耕虞、周叔弢五位工商业者同时接到通知:邓小平明天要会见他们。这消息令他们激动、兴奋。傍晚,他们约集胡厥文家中,商讨见面谈话内容,交流心得感想,畅谈国事家事,古耕虞还连夜起草了两份建议。

一月十七日上午十点整,寒气包围中的人民大会堂内暖意融融,邓小平与五位工商业者见面了。他们互致问候,略作寒暄。邓小平开宗明义道:"听说你们对如何搞好经济建设有很好的意见和建议,我们很高兴。今天就谈谈这个问题。"他说:"党的十一届三中全会决定把工作重点转移到社会主义现代化建设上来。过去耽误的时间太久了，不搞快点不行。但是怎样做到既要搞得快，又要不重犯一九五八年的错误，这是个必须解决的问题。我们现在搞建设，门路要多一点，可以利用外国的资金和技术，华侨、华裔也可以回来办工厂。吸收外资可以采取补偿贸易的办法，也可以搞合营，先选择资金周转快的行业做起。"

在会谈中，大家你一言我一语，敞开心扉，坦诚相见，气氛融洽、热烈。胡子昂说："要发挥原工商业者的作用，要大力起用人才，有真才实学的人，应该把他们找出来并使用起来，能干的人就当干部。"小平很赞赏这个意见，他说："对这方面的情况，你们比较熟悉，可以多做工作。比如说旅游业，你们可以推荐有本领的人当公司经理，有的可以先当顾问，还要请你们推荐有技术专长、有管理经验的人管理企业，特别是新行业的企业。不仅国内的人，还有入了外籍的都可以用，条件起码是爱国的，事业心强的，有能力的。"当话题转向为原工商业者落实政策时，古耕虞递上了他先已起草好的书面建议。其中一份是给资本家摘帽子的，一份是关于外贸的。

古耕虞认为，要调动工商界为四化服务的积极性，就要首先摘掉资本家的帽子。他不相信当时有些人说的"戴着帽子也能发挥积极性"的说法，他认为新中国成立后，工商界的绝大多数人在社会主义改造过程（即公私合营）中表现是好的。他对邓小平说："我要求党和国家领导人考虑为大陆的资本家摘掉帽子。这不仅仅对他们、对他们的子女和亲属是莫大的鼓舞，而且对全世界、全人类也会产生深远的影响。我的这个要求，绝不是只为我个人提出的，也不是现在才提的。过去我在口头上或书面上向领导申述过多次了。现在条件已经成熟，该是到了摘帽子的时候了。"

小平肯定地回答道："要落实对原工商业者的政策，这也包括他们的子孙后辈，他们早已不拿定息了，只要没有继续剥削，资本家的帽子为什么不摘掉？落实政策以后，工商界还有钱，有的人可以搞一两个工厂，赚取外汇，也可以投资到旅游业。手里的钱闲起来不好。你们可以有选择地搞。总之，钱要用起来，人要用起来。"

胡厥文说："现在是工商界为国家、为四化做贡献的千载难逢的黄金时代,我们要把吃奶的力气拿出来。"胡子昂说："祖国前程似锦,我们人人有份;新长征任重道远,我们人人有责。""二胡响,有戏唱",这是当时党政部门和工商界对两位胡老的作用的亲切称赞。的确,他们以对党和国家事业的肝胆相照,以自己耄耋之年的率先垂范,带动全国工商界很快闯出一条为国家经济建设服务的新路子。

荣毅仁说："浪费了十年光阴,一定要在今后的十年中追回来。"

周叔弢说："照这样同心协力、艰苦奋斗、脚踏实地地做下去,中华振兴,大有希望。"

古耕虞说："我不想对共产党说些门面话、好听话、空话,我要老老实实地既报喜,也报忧。"

新时期的工商界与党是"同心相知,同志相从"。五老经过认真思索,各自开始了立足个人实际的工作,来回报邓小平同志的嘱托。据不完全统计,在短短三年时间内,民建、工商联在自身组织尚在恢复的情况下,自办、合办、协办了三千三百多家集体企业,安置待业青年九万多名。

五老中,周叔弢是年龄最大的一位,由于年事已高,他本不打算再担任企业的职务了,但天津工商界为贯彻小平同志的指示精神,筹备成立国际信托投资公司时,他还是欣然同意担任了董事长。

中午时分,邓小平挽留大家用餐。胡厥文、胡子昂、周叔弢、古耕虞与邓小平互相搀扶着来到餐桌前,桌上只有一味火锅涮羊肉,几个人心里涌动着阵阵热流。席间,古耕虞将关于搞好外贸工作的一份建议交给了小平。八十七岁高龄的古耕虞形象地称这餐午饭为"四个聋子(四人听力均不好),一只火锅,一台大戏"。

在这次会见尚未进行的早些时候,邓小平与叶剑英、王震等党和国家领导人就在商谈中指出要重新使用原工商业者,经济建设需要大批各方面的人才,应该请出像荣毅仁这样有企业经营管理经验的原工商界人士出来工作。在这次会见中,邓小平直接点了荣毅仁的"将",他说:"荣毅仁同志,你主持的中国国际信托投资公司,要规定一条:给你的任务,你认为合理的就接受,不合理的就拒绝,由你全权负责处理。处理错了也不怪你。要用经济方法管理经济,从商业角度考虑签订合同,有利润、能创汇的就签订,否则就不签。应该完全排除行政干扰。所谓全权负责,包括用人权。只要把社会主义建设事业搞好,就不要犹豫。"这些在今天看来再正常不过的道理,在拨乱反正刚刚开始的当时,却犹如空谷足音,令人耳目一新,精神一振。邓小平言谈中透出的巨大的信任与空前的"优惠"使荣毅仁等工商业者感到了知遇的满足!他们决心在有生之年,为祖国的现代化建设贡献全部力量。

一九七九年六月二十五日,全国政协主席邓小平在全国政协五届二次会议的开幕词中,深刻分析了中国社会阶级状况的根本变化,科学界定了我国民主党派的性质和作用,指出"我国的资本家阶级原来占有的生产资料早已转移到国家手中,定息也已停止十三年之久(从一九六六年开始)。他们中有劳动能力的绝大多数人已经被改造成为社会主义社会中自食其力的劳动者",我国各民主党派"都已经成为各自所联系的一部分社会主义劳动者和一部分拥护社会主义的爱国者的政治联盟"。

出席会议的政协委员听了邓小平的重要讲话,拼命地鼓掌,热烈地拥抱,激动的泪水再也止不住。是啊!多少年来压在民族资产阶级头上的资本家的帽子摘掉了,压在我国民主党派头上的资产阶级民主党派的帽子摘掉了。有什么比政治上的解放更令人高兴、更激动人心呢!中国民主建国会、中华全国工商业联合会的广大成员奔走相告,称邓小平的讲话为其"脱帽"(脱资产阶级的帽子)和"加冕"(加劳动者之冕)。

周叔弢的双眼得了白内障,经过中医治疗,效果比较显著,他仍然坚持读书、看报。《邓小平文选》出版后,他很快通读了一遍。尤其难能可贵的是,一九八二年十月,他亲笔写下遗嘱,叮嘱身后不办丧事,不留骨灰。对于为数不算多的存款,他也决定全部上交国家,为经济建设最后出点力。

一九八四年二月十四日,周叔弢吟诵着杜甫的诗句"千秋万古名,寂寞身后事",走完了他九十三岁的人生历程,完满地告别人世,无憾而去。

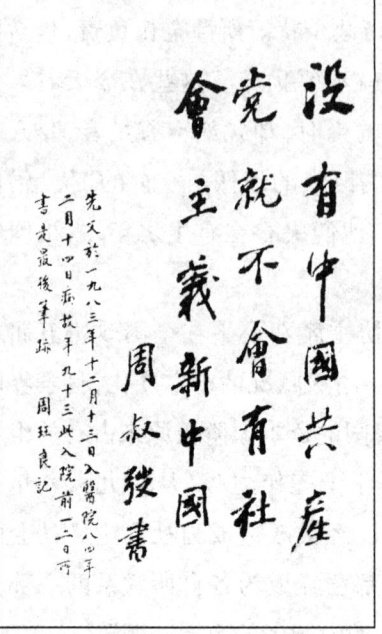

周叔弢墨迹

四、拯救文化

1. 心开庄严

周叔弢的藏书家之名远远超过其实业家的名声，他毕生的精力和一生经营的大部分收入几乎都用来收集善本书籍和金石文物。

周叔弢的藏书爱好始于青少年时代。家塾每逢初一、十五放假，他便到书肆、野摊去寻找自己感兴趣的书籍。同时，在南京候补的父亲每月回家一次，总要带一些书籍回来。年轻的周叔弢，从中获得许多过去从未知晓的知识，兴趣大增，因此更加喜欢读书——这也是一种良性循环的作用。一次，他买到张之洞的《书目问答》——张之洞在四川任学政时，委托名宿缪荃孙为成都尊经书院学生开列的阅读书目，看了之后，便按其所列，逐步阅读，同时也学习到关于识别古籍善本的粗浅概念。后来，他又从《邵亭知见传本书目》中，进一步懂得了许多宋、元、明刻本的优劣鉴别之法，为此引起他对善本书和版本学的极大兴趣。可是，一九〇八年的一场大火，把扬州周宅的藏书尽皆焚毁。周叔弢的藏书始于民国初年，他移居天津之后。

一九一四年,周叔弢随祖父从青岛移居天津之后,廉价买到清代皇家书库"天禄琳琅"所藏的宋刻本《寒山子诗》。据著名的藏书家傅增湘说,宋刻本的《寒山子诗》当代只有两部,另一部藏于日本宫内厅图书寮,周所得的一部不仅内容齐全,而且刊行时间要早。此书原由大内收藏,上有"天禄琳琅""乾隆御览之宝""五福五代堂宝"等玺印。周叔弢得此珍贵的善本欣喜异常,遂命名其书斋为"寒在堂",这是他收藏宋本书的开始。后来,他几次将书斋易名,都是因为有所得故。如因收得两部宋本《南华真经注》,将书斋改名为"双南华馆";因收得《稼轩长短句》及《东坡乐府》两部元本,而称"东稼草堂";因获宋刻《王摩诘文集》,号"半雨楼"。因得元本《孝经》,而称"孝经一卷人家"。不过,他最常用的斋名是"自庄严堪",取自《楞严经》中"自得心开,香光庄严"。

一九二八年,周叔弢从北京购得宋代释道原所撰的《景德传灯录》,得书后第五天,最小的儿子出生,便为其起名为景良。并在书上面题词曰:"深冀此子他日能读父书,传我家学。"谁知景良长大后,喜欢理工,从事的是晶体物理专业,和版本学大异其趣。

周叔弢喜好宋代陈师道(后山)的诗,他原来收藏有明代刊本。一九三一年,北平"文德堂"书肆以一部《后山诗注》宋刊本求售,并且告诉他北平图书馆已出七百元的价格欲购此书。周叔弢毫不犹豫地出了一千四百元买下。其实,据傅增湘说,此书原是清宫藏物,当初以四十元卖出,"文德堂"以二手购得,也不过花了一百元。有人觉得周叔弢这样的豪举近似奢侈,他却认为,人生几何,好书难遇,钱财又算得了什么?后来,傅增湘根据此书第一卷校订出明刊本的许多讹误,可知其价值是难以用金钱来衡量的。

一九三一年,"海源阁"售出一批宋刊旧藏,被周叔弢纳入他的"自庄严堪"。从此,他的藏书与傅增湘的"双鉴楼"、李盛铎的"木樨轩"鼎足而立,成为平津一带三个最大的宋元本私人藏书重镇。"木樨轩"于抗战后很快易主,保有乾嘉正统遗风的北方藏书家就只有傅增湘和周叔弢两人了。傅的藏书特点是"博",而周藏书的亮点在于"精"。

2. 无私捐献

清代藏书名家黄丕烈(字荛圃)的藏书室名为"陶陶室",因其镇室之宝为宋本书《陶渊明集》与《陶靖节先生诗》而得名。后来,黄的藏书散落出来,这"二陶"被海源阁的杨氏收去。之后,杨氏藏书也星散。

《陶靖节先生诗》的真正价值一直不为人所重视,所以其经历也颇富传奇色彩。这部南宋刻本《陶靖节先生诗》共四卷,两册,半叶七行十五字,小字双行同,白口,左右双边。版框高十九点三厘米,宽十三点六厘米。从该书藏书印看,较早的收藏者是明代嘉靖时期的董宜阳和项禹揆。清乾隆年间,《陶靖节先生诗》归到藏书家鲍廷博手中,但鲍廷博并不了解这部书的价值,便把它卖给了另一位收藏家张燕昌。乾隆四十六年(一七八一)四月,鲍廷博与吴骞一起过访藏书家周春,闲谈中提到此书,周春听后连称好书并追问书的下落。周春随即从张燕昌那里把书借到手,欲以书画、铜瓷端砚与书交换。张燕昌并不知道这本书的好处,但看见书封面用的是宋朝金粟山藏经笺纸,心想可能是部好书,不但执意不肯,还急于把书要回去。尽管有朋友从中调停劝解,但仍僵持不下。后来,恰巧张燕昌需用古墨,周春便用重达一斤的明朝叶玄卿的"梦笔生花"大墨与他交换,终于成功。周春得此书,"不胜狂喜,手自补缀",重装后分为两册。周春把它和一部宋版《礼书》放在一起,给书斋起名为"礼陶斋"。周春得此书近于巧取豪夺,此后秘不示人,打算以此书殉葬。岂知后来他为生活所迫,《礼书》先被卖出,周春便把斋名改为"宝陶室";嘉庆十三年(一八〇八),有一个名叫吴东白的书商怀揣巨款向周春购买这部《陶靖节先生诗》。周春估计他不会随身带着太多的钱,便随意出了个高价,并说如吴身上有钱马上即可成交,决无悔言。不料吴当即如数予之,周春悔之不能。书被拿走,周春潸然泪下,斋名再改为"梦陶室"。

黄丕烈(荛圃)是苏州著名的藏书家,原已收藏宋版《陶渊明集》,周春藏书卖出后,黄丕烈追踪购买,没想到吴东白已随即将书售与一个叫蒋梦华的人。最后,黄丕烈以一百两银子从蒋梦华处购得此书。黄丕烈把宋版《陶靖节先生诗》和宋版《陶渊明集》放在一起,给藏书室起名"陶陶室"。嘉庆十六年(一八一一)立冬那天,黄丕烈又得到南刻施顾两家注

《东坡和陶诗》，使之同处"陶陶室"，此事成为藏书史上的一大佳话。

黄丕烈之后，两部陶集分别为汪士钟艺芸书舍、杨氏海源阁收藏。周叔弢于一九三三年从杨氏后人处购得《陶渊明集》。得陇望蜀，他又希冀着另外一"陶"，却被北京的书商捷足先得。周叔弢的藏书之名响遍京津，书商们有意加码，竟狮子大开口要他四千元。一方渴望想买，一方趁机敲竹杠，双方僵持了一年多，周叔弢终于斗不过那些商人，只好照价买了下来，以高价终使两陶集合璧。

一九五二年，周叔弢先生将他藏书中的最精品——宋元明刻抄校本书共计七百五十种，全数捐给北京图书馆（今国家图书馆），其中就包括著名的宋版《陶靖节先生诗》和宋版《陶渊明集》、施顾注《东坡和陶诗》。今天，它们都安居在国家图书馆善本书库，得到了前所未有的妥善保护和管理。当年为收书、藏书、护书倾尽心力的藏书家们若地下有知，也该含笑九泉了。

周叔弢推己及人，若是碰到搜寻图书的同道，他也尽力帮助。一九三一年，他得到一部宋刻《王状元集注分类东坡先生诗》，后来听说傅增湘正在找这位四川先贤的诗集，正缺这个版本，便主动于一九三七年用此书和傅交换了三部明版书。

一九四二年是日本统治下的黑暗时期，周叔弢因家境所迫，忍痛卖掉了一百多种明版书，得款一万多元，卖书时心中依依不舍，自嘲好像有李后主挥泪对宫娥之感。这时，北平书商带了宋本的《礼记》来天津给他看。他见到此书的刻工、印刷都很精美，把刚刚卖书的钱又掏了出去。事后，他记道："卖书买书，其情可悯，幸《礼记》为我所得，差堪自慰。衣食不足，非所计及矣。"

周叔弢不甘心中国的珍本图书流失国外，总是尽力赎回。一九三三年，他偶然见到日本文求堂书目中有宋、元、明古籍百余种，不少是海内孤本，便想集资赎买。但响应者少，只好尽自己能力，陆续赎回其中一部分。

不是此中人很难理解爱书人对书的感情——假如看到一部书散落开来，如同小孩子玩拼图游戏般，总是千方百计要把原书凑齐。周叔弢曾于一九三〇年春，在天津"文友堂"买到《春秋年表》和《名号归一图》，这是元刻三十卷本的《春秋经传集解》之中的两卷。从此，他就开始了他的"拼图"历程。当年秋天，他在"藻玉堂"买到另外六卷；一九三一年，在"肄文堂"又得二十一卷，至此，三十卷中只差一卷了。这时，他听说那一卷被嘉定的徐氏后人买走，他便设法打听这徐某住在何处。最后得知徐住在北平，他又托人去找，结果说刚刚被人买走，这条线好像就断掉了。直到一九四四年，他又听说那一卷《春秋经传集解》出现在北平，他连忙写信去问，必欲得之而后快。不料这时徐某带着这卷书找上门来。但是徐索价高得离谱，交易没有成功。两年中，周叔弢时常去信和徐商量，但每问一次，价格便提高一截。一九四六年夏，周叔弢托付他的堂侄周骏良，找他的岳父孙多峻帮忙说一下，因为寿州孙氏（清末大学士孙家鼐的族人）与嘉定徐氏是至亲。过了几个月，徐托孙鉴定旧玉，孙多峻遂向徐某提起买这本书的事，徐以为孙只收藏古瓷、旧玉，不懂版本学问，便随口答应说只要一两黄金。孙立时就应允了下来，并当即把书价过付了，约定明天把书送来。徐在众人面前不好改口，只好成交了。周叔弢得到这卷书之后，高兴得在书后题跋写道"珠还剑合，缺而复完"，花了十六年的功夫，终于凑齐了一套书——诚心实在感人啊。还有汉朝韩婴的《诗外传》也是他花了十年才收全的。当然，也有一些书始终没有收集完整，是他引以为憾的事情。如另一部宋版的《春秋经传集解》也是经历了同样繁复的收集过程，但却没有这样的幸运。弢翁先是于一九三五年以重金从山东"海源阁"购得二十三卷；又以双倍的价格从李盛铎那里购得四卷；一年后，又以更高的代价搜罗到另一卷，遗憾的是功亏一篑，只差一本未能凑齐这部珍贵宋版书。

周先生夙愿难偿后，推己及人，毅然将自己所藏《左传》《群经音辨》两部宋版残本各两卷赠给"故宫博物院"，使故宫原有的这两部残书得以完璧。他说："余岂忍私自珍密，与书为仇耶？"

周叔弢平生做人最反对虚假的一套，在他藏书的过程中，对误人子弟的伪书也是深恶痛绝。一九四一年，天津旧书市场上曾出现一批冒充的敦煌草书字帖，周叔弢起初未辨真假，就花高价买进了十几种。拿回来一研究，发现全是假造的赝品，气得他一把火烧了个精光，并说绝不许这种东西留在世上骗人。

3. 藏书为用

周叔弢并非只藏不读的附庸风雅之流,他用功甚勤,博览群书,学问精深。一九一七年,他曾校出明刊本《太玄经解赞》中千余字的错误。其他根据宋刻本校正明本中讹误的例子多不胜数。自视甚高的梁鸿志也心悦诚服地说"周侯书眼炯如月"。周叔弢校书后,用朱墨仔细刊正,傅增湘在《周君叔弢勘书图序》中说:"常观手校群书,皆字划端谨,朱墨鲜艳,颇具义门校书风格。"

周叔弢倾其所有用来藏书,但他从不将藏书束之高阁,绝不吝啬用之来为社会服务。二十世纪三十年代,他的长子周一良在燕京大学读书,他的老师洪煨莲正在校订《史通》,周叔弢得知后,便把自己所藏的《史通训诂补》一书相赠。此书对洪当时的校订工作大有裨益,后来洪从美国捐赠他在北京的藏书,又把此书还给了周一良。四十年代时,周叔弢从报纸上得知胡适正在研究《水经注》,便把自己所藏的《水经注》抄本赠给胡,绝无丝毫居奇之心,而是一片赤子的纯真。

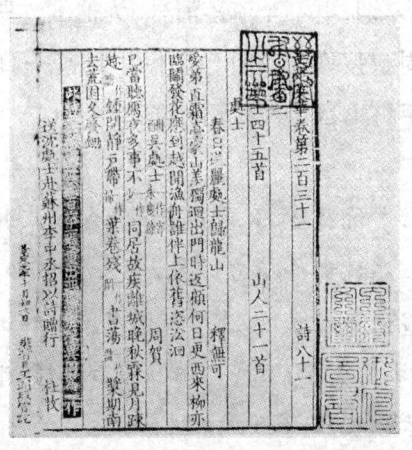

周叔弢收藏的宋刻本《文苑精华》,上面有戳记:"景定元年十月廿五日装背臣王润照管讫",是海内极珍贵的孤品,连装订都是宋代的原物

周叔弢先生不但收藏名人名家批校的善本,他自己也校勘了许多古籍,如明景泰本《尔雅》、万历本《新序》、汲古阁本《孟东野集》等。为了使

稀见的珍本得以流传，他还翻刻了一些珍本，如宋本《寒山子诗集》《宣和宫词》《孝经》《屈原赋》等。其中值得提到的是宋本《鱼玄机诗》，此书是黄丕烈旧藏，后来为袁克文所得，袁克文的夫人刘梅真曾亲自抄写一部。周叔弢与袁克文本是同道之好，由他出资影印了一部。

周叔弢一生收藏的书大约有三万七千余册，真乃古今中外，洋洋大观。从宋代以降直至民国，有刻本、抄本、稿本、影本，经史子集，无所不包。他曾拟人化地为藏书定了五条标准：版刻的字体要好，相当于人的先天体格健壮；纸墨印刷要好，相当于人的后天营养充足；收藏家的题词好，如同一个人的才华；收藏印记好，如人的化妆；装潢好，如同人的衣冠整齐。

学问一途若是落入利益的窠臼，便属偏离正轨，也可断定学问是做不好的。周叔弢藏书不是为了赢利，不是为了传之后代，甚至也不单纯为了爱好，正如他的次子周珏良所说："常听他说他自信懂得爱惜书，书在他这里很'幸福'，将来也要给书找一个'享福'的去处，以做归宿。也就是说他藏书不只是爱好，还有更深的用意，就是保存民族的珍贵文物，不致因水火兵虫之劫化为云烟，更不至流落海外，为他国人所得。"

一九四二年，周叔弢见到当时日寇侵华日甚一日，国难家穷，收集善本恐怕不易，遂在手订书目上面留话给子孙道：

> 生计日艰，书价益贵，著录善本或止于斯！此编固不足与海内藏家相抗衡，然数十年精力所聚，实天下公物，不欲吾子孙私守之。四海澄清，宇内无事，应举赠国立图书馆，公之世人，是为善继吾志。倘困于衣食，不得不用以易米，则取平值可也。勿售之私家，致作云烟之散，庶不负此书耳。

从一九四九年起，周叔弢便陆续地向有关方面捐赠图书。一九四九年，他以二两黄金的价格从书商手中买到一册宋刊本《经典释文》，捐献给"故宫博物院"，使故宫原藏的此书残本得以成为完帙。一九四九年后，他看到战事已平，生活安定，便及时想到要完成自己的夙愿。一九五一年,北京举行"《永乐大典》展览会",周叔弢将自己所藏的两卷(卷七千六百零二,卷七千六百零三)捐出来,一并展览。他曾说过:"捐书之时,何尝没有不舍之意,又曾打算留一两部自己玩赏,但想既然捐书,贵在彻底,留一两部又如何挑选?所以全数捐出,一本不留。"他亲自从藏书中一本本地选出上乘精品,编目、装箱,直到一九五二年才将准备工作就绪。

一九五二年,周叔弢向国家捐献了第一批藏书,里面包括了宋、金、元、明、清善本中的珍品,共七百一十五种,二千六百七十二册——其中宋刻本五十九部,金、元、蒙古刻本三十四部,黄丕烈跋本五十七部。全部藏于北京图书馆。一九五四年、一九五五年,他又分别捐献了第二、第三批藏书,分别收藏于南开大学图书馆和天津图书馆。一九八二年,他又将"自庄严堪"仅存的藏书一千八百余种、文物一千二百余件全部捐献给国家,藏于天津图书馆和天津艺术博物馆。周叔弢捐献的文物中,大多是隋唐时代的佛经抄本、自战国至元代的印章,对于研究历史、哲学、佛学,以及语言文学、古代官职、书法篆刻都极有价值。

周叔弢对篆刻也有极深的研究,他对印章结构的构思,篆字的选择,刀法的运用都很在行,他曾教育他的侄孙周启文说:"印章的笔意全凭刀法完成,不论朱文、白文,一定要下刀准,少修补。若是一修补,就伤了笔意,损了气势。一方印刻几个字,布局上要仔细安排,打好腹稿,明白篆法,该偏该让,知收知放,都要注意。字要立得稳,有神有势,均衡呼应,气贯整体才行。"的确是方家之言。

周叔弢还是极有造诣的书法家,他在耄耋之年,仍然每天习张猛龙帖近百字,九十岁仍作小楷,一丝不苟。

周叔弢不仅收藏中国古籍,还涉足外文书籍,如莎士比亚研究方面的著作、英国文学和哲学方面的著作、梵文字典等。

周叔弢不仅是藏书家,而且是古代印玺的收藏家、鉴赏家,他自己也时而治印。他收藏的古玺近千方,大都是历代官、私印玺。同时他还收集了印谱一百多部。他收藏的印玺大部分也捐献给了国家。

周叔弢藏书之余也刊印书籍。

"民国"七年(一九一八年),周叔弢因夫人有病,即发愿印行佛经。

之后,于"民国"十三年(一九二四年)刊印宋本《寒山子诗》;十六年(一九二七年)印行《孝经》;十九年(一九三〇年)印行《宣和宫词》;二十五年(一九三六年)印行《十经斋遗集》。其他还有《鱼玄机诗集》《稼轩长短句》《东坡乐府》《屈原赋注》《九僧诗》,及袁克文所藏的《宋版提要》等。

周叔弢在书斋中读书

五、养生有道

周叔弢年轻时得过肺病,所以体质较弱。他得享高龄的秘诀在于"心胸开朗,不钻牛角尖,有节制,不过分"。

周叔弢出身官宦人家,仕途、财路对他都是畅通的,求名求利可说是相当容易,但他把这些看得很淡,慢说求官,就是在他握有绝大股份的几个公司中,他也无意去争权。如他任启新洋灰公司总经理一职是一九四五年袁克桓辞职后,在许多人的劝说之下才就任的。

周叔弢律己极严,他的五个兄弟中,四个都有侧室,甚至不止一人,他却绝不纳妾,这在那个时代可说是难能可贵的事情。他生活朴素,无声色之好,从不沾嫖赌烟毒,对子女要求既严格又合乎情理。例如,二十世纪二十年代,他的几个侄子、侄女从上海移居天津,他们从上海带来烫发的火剪,自己烫发,追求时髦。他们也给周叔弢的长子周一良烫了一头的卷发,被从唐山回津的周叔弢看见。他当时并未说什么,只是后来在给周一良的信中告诫他"人能笃实,自有辉光"。周一良知道父亲所指何事,从此俭朴为人，再也不追求虚华浮夸的东西。

周叔弢挚友很多，大多与他有同好，例如，清末京师大学堂监督劳乃宣的儿子劳健（笃文）、有清末四公子之誉的陈三立的儿子陈衡恪（师曾）与陈方恪（彦通）、有"联圣"之称的方地山、袁世凯的二公子袁克文、北大教授唐兰（立厂）、建筑学家陈从周、版本目录学家黄裳等。

周叔弢三十岁生日时，方地山曾赠他一联：

> 生日似荷花，六月杯盘盛瓜果；
> 宗风接莞圃，三郎沉醉在图书。

（注：周叔弢生日是阴历六月十三，六月二十四据传说是荷花的生日，所以大方说他生日"似"荷花。莞圃即黄季烈，著名藏书家。周叔弢的其他爱好还有摄影、养花、听戏、美食等，但多被藏书的名气遮掩了。）

周叔弢一生结婚三次，他的原配夫人萧琬于一九一三年生下周一良之后逝世。第二个妻子许和之，生五子三女，即珏良、艮良、杲良、珣良（女）、以良、与良（女）、耦良（女）、治良，于一九二六年去世。第三个妻子左道腴，生一子景良。

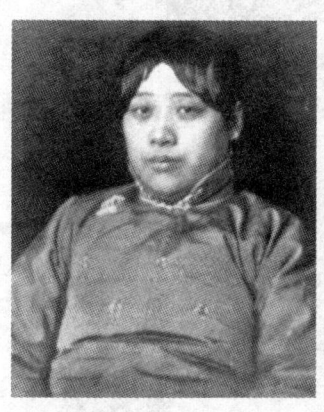 

周叔弢的第二个妻子许和之　　周叔弢的第三个妻子左道腴

周叔弢全家福,摄于他六十寿辰之际

幼儿时的周氏六兄妹:左边三人依次为一良、珏良、杲良;右边三人依次为艮良、珣良、与良

八十年代,周叔弢的十个子女团聚在一起:前排左起顺次为一良、珏良、艮良、杲良、珣良。后排左起为以良、与良、耦良、治良,景良

周叔弢子女世系表

- 周叔弢
  - 一良
    - 启乾
    - 启博
    - 启锐
    - 启盈(女)
  - 珏良
    - 启柔(女)
    - 启朋(女)
    - 启如
    - 启鸣
  - 艮良
    - 启璐
    - 启伦(女)
    - 启万
    - 启政
    - 启庆(女)
    - 启芹(女)
    - 启秾(女)
  - 杲良
  - 珣良(女)
  - 以良
    - 琪华(女)
    - 启平(女)
  - 与良(女)
  - 耦良(女)
  - 治良
    - 启越
    - 婷(女)
  - 景良　群

第四章 原来毕竟是书生
——周一良

◎

一、家塾出身的大学者

周一良(一九一三 — 二〇〇一)于一九一三年一月十九日生于青岛。"良"是他这一辈人的谱名,其"一"取自《说文》,是"惟初太极,道立于一"之意。他出生的次日,母亲萧琬患急病猝然离开人世。年轻的周叔弢正急得束手无策之时,他的德国朋友牧师卫礼贤自告奋勇,把婴儿抱回家去,由他的夫人用牛奶喂养了一年,才送还周家。接着,周一良由他的孀居而又无子女的三姑母扶养。三姑母是旧式文化的女性,所以自小给他灌输了许多传统的伦理观念。父亲教育他的也是要如何守规矩,懂礼貌。总之,周一良自幼就是一个循规蹈矩的乖孩子。

但自小失去母亲的呵护,这对周一良的性格成长不能说没有影响。他也自承小时候就很斯文、听话和呆板,很少有大喜大怒的时候。

周一良的生母萧琬

幼年的周一良　　　周一良和他的三姑母　　　周一良的三姑母(左)和八姑母(右)

周叔弢对这个失去母亲的儿子煞费苦心，尤其在教育上面的投入更是不遗余力，不惜重金请来名宿大儒坐馆家塾，束修高达每月五十元，后又升到八十元，这在当时物价低廉而平稳的情况下（一袋五十斤的白面只有二元），不能不说是很优厚了。自然，这些老师也不是泛泛之辈，也算物有所值了。例如，张憙（一八九八——一九二五，字潞雪）是南皮张家的后人，他的父亲就是曾任浙江巡抚的张曾敭。还有作为义和团后台的毓贤的兄弟毓廉，曾任溥仪南书房行走的温肃，还有北大的语言学家唐兰等——不管他们的政治态度如何，学问总是好的。因为温肃曾为宣统皇帝的师傅，所以陈寅恪戏称周家子弟

周一良的启蒙老师张潞雪先生，他去世时年仅二十八岁

是"大清天子同学少年"。父亲还给周一良请来外籍教师教他外语，所以周一良会英、德、日等几国的语言，根基是极扎实的。

和一般学童不一样，周一良的十年私塾学习是从《孝经》《论语》开始的——据说，这是汉代的旧制。然后是《礼记》《左传》，以及《史记》《韩非子》之类。使周一良十分怀念的是，张潞雪先生的教法不是死记硬背，

而是注重讲解,使他明白其真正的含义,这是一般的冬烘先生所不及的。周一良从小习字,即从籀文、小篆等古文字入手,他曾临摹泰山石刻二十九字,到方地山家摹写过甲骨文。方地山很欣赏他如此年幼却少年老成,曾赠他一联云:

生小便能通鸟篆;
闲来每与说龟藏。

周叔弢之所以不让周一良入新式学校,显然是被一种对新文化的怀疑感所驱使。所以他从不吝啬让周一良花许多钱去买传统的旧小说,却绝不让他读鲁迅的书。

十四岁的周一良

可周叔弢绝非是食古不化的顽固派,周一良的弟妹们就全都入新式学校读书了。在周叔弢的主张下,周一良十四岁就开始学日文。因为周叔弢认为俄国和日本离中国最近,而且在欧风东渐的形势下,中国必然与这两个国家的关系日益密切,所以学习他们的语言的重要性不言自明。于是,周叔弢让他两个较年长的孩子,一个学日文,一个学俄文。周一良的日文老师都是日本人,所以他从小就打下了牢固的日文根底。

一九二八年,周一良的大伯周今觉的四个子女因与继室扶正的继母不和,投奔天津周叔弢家。毕竟上海开风气之先,使周一良兄弟接触了新世界,他们开始读鲁迅、沈从文的书,学胡适的哲学史。几个人还自己编杂志《新雨》,写、画全部自己动手。之后,周一良翻译了一篇日文小说,那时他十五岁。

晚年的方地山

二、从东方走到西方

随着年龄的增长与社会接触面的扩大,周一良逐渐不满足家塾那方小天地了,他想到人文荟萃的北平去求学,开开眼界。可是,他一无高中文凭,对数理化又一窍不通,报考正规大学根本无望。恰好燕京大学有一个两年制的国文专修科,是为培养中学国文教员所设,入学只考国文、历史两科,周一良便在一九三〇年进了这个专修科。他选修了容庚的"说文"、顾随的"词选""诗选"、钱玄同的"音韵学"、马鉴的"笔记研究"等。照今天看来,这都是名家之选。可是,他总觉得专修科毕业并非"正途"出身,故未等到卒业,决心跳槽,非转入正规大学不甘心。但国立大学对于转学的学生,不仅要验看中学文凭,还要考一年级的所有课程,这些都是他所不具备的。只有刚刚成立的辅仁大学"稀松"一些,查验文凭和考试都是走过场而已。于是,周一良在琉璃厂造了一个假文凭——可见,"办证"的职业古已有之,只不过没有满街刷广告而已。至于考数学,他又请他的表兄孙师白做枪手。关键的一步是在"准考证"上面作假,请照相馆将准考证上面的照片修改一下,既有几分像他本人,又有几分像那个代考者,大概监考老师也是本着"与人方便,自己方便"的原则,睁一眼闭一眼。总之,一年级数学考试也顺利通过,周一良进入辅仁大学历史系。人的眼光总是水涨船高的,到了辅仁,他又不满意了,因为学校初创,教学质量不算很高,学生水平也很一般,再有,学校"牌子"不硬,他又做转学之想。经过国文、英文两科的考试,周一良于一九三二年再转入燕京大学历史系二年级就读。

那时,一个年级只有几个学生而已,真可谓老师的入室弟子。在燕京大学,周一良有许多学业有成的同学,如侯仁之、谭其骧、王钟翰等人。

在燕京,周一良最大的收获似乎是认识了他后来的夫人邓懿女士。

邓懿(一九一四 — 二〇〇〇)的父亲叫邓镕(一八七二 — 一九三二),字守瑕,四川成都人,出身贫苦,靠自身努力成为一个名律师;还是颇有造诣的诗人——有人将其诗与傅增湘、樊增祥并列。邓懿虽是父亲的侧室所生,但仍被视为掌上明珠,其父在她出生后,赋诗云:"胜无聊慰亦

周一良的表兄孙师白,是著名的化工专家

人情,荔子何妨是侧生。络秀小家知托付,金銮绮岁定聪明。诗篇咏絮当庭就,字格簪花下笔成。付与文姬传绝学,中郎身后不埋名。"

邓懿不负父亲的期望,自小学习优秀,于一九三二年毕业于天津南开中学,因成绩突出被保送到燕京大学国文系。她的大学毕业论文《纳兰词研究》得到导师的好评。邓懿的文学素养相当不错,只是后来她一心用在汉语教学上面,文学方面的潜能完全得不到发挥,说起来也是一件憾事。当年燕京大学的文科学生必须选修一门理科课程,邓懿选的是生物学,教生物学的博爱理教授发现她的生物学学得很好,希望她能够转到生物系去。但是邓懿害怕上解剖课,终与生物学无缘,不然说不定中国生物学界会出现一位著名的女科学家。

当时燕京仿效美国,也有"斐陶斐荣誉学会组织",名称取自三个希腊字母,意思是德智体。毕业生中成绩优异者可被推荐成为会员,并获"金钥匙",邓懿和周一良先生都有幸得此殊荣——但在"文革"时被当成是美国特务的罪状。邓懿从燕京大学毕业后,又考入清华大学中国文学研究所为研究生。清华大学副校长张维的夫人、著名航空航天学家陆士嘉第一次看到邓懿时赞叹说:"什么是大家风范?邓懿就是大家风范!"可见邓懿的风度的确不一般。

幼年时的邓懿

儿时的邓懿

年轻时的邓懿

一九三三年春天,燕京的学生们组织到泰山、曲阜旅行。同学们在泰山顶上的玉皇岭过夜时,周一良的钱包和大衣被窃,次晨只好狼狈地裹着棉被向同学借钱。国文系一年级的邓懿慷慨解囊。自此,两人成了恋人,并于一九三七年春订婚,一九三八年相恋了五年的情侣终于在天津结婚。燕京同学们认为他们定情在泰山,便称他俩为"泰山情侣",这个浪漫的称呼,如今镌刻在他们的墓碑上。

辅仁大学

在燕京大学读书时的邓懿　获得学士学位的邓懿　热恋中的周一良和邓懿

周一良和邓懿在一起　　周一良和邓懿在十三陵　邓懿在十三陵

周一良在燕京的老师个个都是饱学之士,如邓之诚(一八八九——一九六〇)、洪业(煨莲,一八九三——一九八〇)、顾颉刚(一八九三——一九八〇)、钱穆(一八九五——一九九〇)、张星烺(一八八九——一九五一)、顾随(一八九七——一九六〇)等。周一良在燕京的毕业论文是《大日本史之史学》。

燕京大学教授邓之诚

燕京大学教授洪业

燕京大学校长司徒雷登

一九三五年,本科毕业后,周一良获得哈佛燕京学社的奖学金,又进研究院——他的主要目的是为等待在中文系四年级的邓懿毕业。在这一年里,他的主要工作就是按照指定的书目读书。这时的周一良对政治似乎完全没有入门,连那年发生的"一二·九"运动也未尝过问一下。之前听邓之诚"中国通史"的课程时,他对魏晋南北朝一段历史发生了浓厚的兴趣。之后,他又私自旁听了陈寅恪(一八九〇——一九六九)先生讲的"魏晋南北朝史",成为陈的私淑弟子,这使他受益匪浅,也因此

一九三五年,在燕京大学获得文学学士学位的周一良

决定了从事魏晋南北朝史的研究方向。一九三六年,经陈寅恪的推荐,南京的中央研究院历史语言研究所(简称史语所)聘他去做助理研究员。

陈、周两家是世交,陈寅恪的兄弟方恪和周叔弢又是旧识,而且陈寅恪先生的道德文章都是一时之选,周一良自然求之不得。史语所的所长是傅斯年,从业务和生活上,给了他不少帮助。史语所的先辈们并不指定题目,也不限期要求成果,但人人都有一种做学问的虔诚之心,所以反而是硕果累累——可见一个自由、宽松的学术环境是多么的重要。周一良在一年之内收获极丰,发表了三篇较有分量的文章。

周一良和他几个弟弟同时拿到毕业文凭,左起:治良(初小)、杲良(初中)、一良(大学)、珏良(高中)、以良(高小)

一九三七年,周一良、邓懿在南京中山陵

一九三七年夏天,周一良回天津探亲,适逢抗战爆发,史语所迁往内地,他则留在了家中。他本来打算结婚之后,再返回史语所,恰在这时有一赴美国留学的机会,他又改变了计划。燕京大学历史系的洪业先生向他建议去美国哈佛大学留学,学习"比较文学",条件是将来回国后,到燕京任教。原来,那时高校内部派别壁垒复杂,北大和清华虽然也有界限,但走得还算热络,而且和中研院的史语所联系较密切。相形之下,则把教会学校的燕京大学视为异端,傅斯年和洪业两人的成见也很深。故洪业想把燕京出身的周一良从史语所拉出来,以壮大燕京的队伍。这种派别虽然有个人成见在内,但对于学术争鸣未始不是好事。

周一良与邓懿于一九三八年结婚

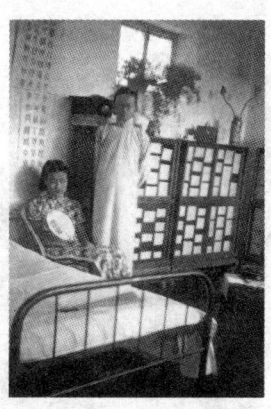

周一良、邓懿在新房之中　　大学毕业后的周一良、邓懿

一九三九年秋天,周一良从上海乘船赴美国波士顿入哈佛大学学习。但是他并没有按照原计划学习比较文学,而是专在语言学习方面下了一番功夫。在哈佛大学历史系七年,他学过梵文、希腊文、拉丁文、德文、法

文等,也相应地涉猎了日本史、梵文、密宗等方面研究。后来回国后,他坦承德文还给老师了,希腊文和拉丁文各记住一句名人名言,梵文和佛教史也都束之高阁了。周一良在哈佛的毕业论文选的题目是中印关系方面的内容,题为《中国密宗》,介绍了密宗早期发展的历史,该书被西方学者所推崇,可是周一良对此却一无所知。

周一良在哈佛苦读梵文

邓懿一九四一年在赴美途中的轮船上　　周一良和邓懿在波士顿　　邓懿在波士顿

邓懿也于一九四一年赴美,在哈佛大学女校学习了一段时间,之后便在哈佛远东语文系任教。一九四三年,赵元任先生受美国政府的委托在哈佛开办了一个特别训练班,专门训练美国陆军士兵掌握中文,随即派往中国抗日战场。赵先生挑选了几位北京话标准的留学生做他的助手,邓懿是其中一位。她在赵元任的熏陶和培养下,对用英语教外国人汉语产生了浓厚的兴趣,为她后来从事对外汉语教学打下了基础。

一九四四年,周一良取得博士学位后,留在哈佛教日语。一九四六年,周一良跟哈佛大学的合同期满,他自己说:"去国已八个年头的我,怀着'漫卷诗书喜欲狂'的心情,偕妻挈子奔返祖国了!"与周一良、邓懿一同在美国留学的学子们大多选择了回国报效,留在美国的只是极少数。

一九四七年,周一良回国后的全家福

周一良回国时,傅斯年还曾给胡适写信,提到千万不要让别人把周一良挖走,可见对其期望之深。周一良先受燕京大学之聘,在国文系任副教授。但是欣赏他的洪业时在美国,新校长陆志韦与他不是很熟,所以他没有分到房子。于是邓懿留在天津,两地分居诸多不便。后来周一良跳槽转到清华大学任教授,在外文系教授日文,并有了住房,便接邓懿和三个儿子来京。

周一良一直是个不问政治的人,在国共激烈内战时期,他只做学问,从未参加过任何政党或政治活动。可是,在政权更迭之时,周一良还是面临着走与留的问题。虽然傅斯年很欣赏周一良的学问,但是在促成学者离开大陆的活动中,并没有周一良的名字——因为那时他只有三十六岁,分量似乎还不够,只有陈寅恪、汤用彤这样的人物才榜上有名。大概周一良也没有离开的念头,他的父亲周叔弢也没有走,于是他就顺理成章地安心留下了。

一九四九年,周一良转入清华历史系,专门讲授魏晋南北朝史,并任历史系主任。这时,波兰、捷克、匈牙利、罗马尼亚和保加利亚等东欧"友好"国家派留学生到中国来要求学习汉语,教育部委托清华大学创设"东欧学生汉语专修班",邓懿负责教学工作。她从赵元任先生那里学到的本事正好派上用场,便亲自编写教材、安排课程、培训年轻教员,连如何批改作业都制定了一套完整的方案。开课后,她以身作则开办"公开课",让大家来听她的课,切磋教学艺术,提高教学水平,"专修班"越办越好。

一九五二年的"院系调整",周一良和邓懿都成为北京大学的教师。周一良任历史系中国史教研室主任,清华的东欧学生汉语专修班并入北京大学外国留学生中国语文专修班,邓懿任教研室副主任。那批东欧学生毕业回国后,多数担任了外交官,也有人成为汉语教授或研究人员。邓懿先生的谆谆教导,他们一直铭记在心,常常给她写信,驻北京的外交官还常常看望她。

一九五三年,邓懿生下一个女儿。在三个儿子之后,生下了女儿,如愿以偿,取名"启盈",乳名"小妹",受到全家的宠爱。

中文难学是世界公认的。邓懿来到了清华大学,成为第一个教授对外汉语课程的教师。虽然她在美国时曾在陆军中国语文训练班工作,对教外国人学习汉语有一定的基础,但她仍不敢大意。开班前,她先招聘了几个大学毕业生,训练他们怎样教学,之后她才开始招收外国学生。几年之后,邓懿教的学生已经分别进入其他各个文科系,这些外国学生发音准确,语法熟练,连其他科系的老师都为他们的中文水平感到惊叹。在此基础上,邓懿主持编写的教外国人用的《汉语教科书》是中国第一部完整的对外汉语教材,有系统的语法,有丰富实用的词汇,听、说、写、读面面俱到。这本教材的成就在中国对外汉语教学史上堪称首位,被沿用了十多年。她创建的语法体系,不仅影响了中国,还影响了其他国家的汉语教学。邓懿先生的功劳应永载史册!这部被翻译成多国文字的教材,却因为政治原因刻意隐去了邓懿的名字。

邓懿生性耿直,从不隐瞒自己的观点,也从不为私利说些取悦于人的话。一九五七年"引蛇出洞",本着"知无不言,言无不尽"的想法,邓懿给当时的领导提了不少意见,险些被打成"右派分子"。后来被冠以"漏网右派"的帽子,百口莫辩。加上"组织上"调查出她的胞弟邓宝善自一九四七年便在台湾,在政治上对她越发不信任。六十年代初期,她被迫离开了自己呕心沥血从事的对外汉语教学工作,调到西语系公共英语教研室。

担任公共英语教学,每个人要教三个班,每个班少则二十人,多则三四十人,仅是课后批改作业工作量就很大,晚上还要求老师到学生宿舍辅导,回答学生的疑难问题。每星期教研室和系里还有两个下午的"政治学习",负担不可谓不重。邓懿先生当时已年近半百,还跟青年教师一样工作。他们一家住在燕东园,常见她骑一辆已不再新的女式单车,穿行在校园里。

一九四七年,周一良的小家庭

一九四七年,周一良一家在天津居所中

邓懿在公共英语教研室被当作是犯错误的人,她的领导是一个比她年轻的讲师,二人出差乘车时,那个年轻讲师坐着,邓懿反而像是跟班一样提着讲师的皮包在一旁站立。

三、蹉跎岁月

一九四九年之后,周一良和中国大多数知识分子一样,背负着无法摆脱的原罪感,战战兢兢地迎来了这新的"无产阶级专政"。

一九五〇年,他第一次参加了"三反运动",即反贪污、反浪费、反官僚主义。不到四十岁的周一良,没管过钱,没理过物,又没做过官,百思不解"三反"从何反起?冥思苦想之下,终于找到一条迹近贪污的行径:一九四一年珍珠港事件后,哈佛大学的日本留学生被迫离校。周一良在哈佛的燕京图书馆中发现一本从日本学生那里没收来的书籍,是难得的珍本。他就商于馆方,可否买下。但使馆方为难的是,这些书籍身份未定,难以出售,最后便送给了他。

一九五〇年秋,周一良参加了"西南土改团",到四川眉山太和乡进行"土改"。

一九五一年初,掀起一场"思想改造"运动,凡不是从延安过来的知识分子都要经过一番艰辛的"改造"过程。人们没有了说话的自由,甚至没有了不说话的自由。人人过关,个个表态,像罪犯一样向"组织"交代自己从上小学开始的所有经历,以及对各次政治运动的看法、态度——可谓是细致入微、无孔不入。周一良也积极参加到运动中去,他对自己出身的资产阶级家庭深感悔悟,表示了"改造自己,力求进步"的决心。陈寅恪讽刺他:

> 八股文章试帖诗,宗朱颂圣有成规。
> 白头宫女笑哈哈,眉样文章又入时。

一九五二年,又迎来了院系调整——那时,以老大哥为榜样,一切学习苏联。于是,过去仿照欧美模式的高校体制要彻底打碎,重新调整。尤其是美国人司徒雷登用美国返还的庚子赔款建立起来的教会学校——燕京大学就难逃被肢解的命运了,其他诸如笔试改口试,五分制代替百分制等都是枝节末梢,不值一提了。老资格的北大秘书长郑天挺、清华历史系的资深教授雷海宗都被调到南开大学,燕京大学马列主义史学家翦伯赞被任命为新北大历史系主任,享有楼房、汽车、司机、厨师、秘书等待遇。周一良事后曾自责:对于"院系调整"未提任何不同意见。其实,这种国家大事哪里有他置喙之地?周一良被调整到新的北大历史系,任"中国史教研室"主任,与邓广铭先生合讲中国通史。一九五四年他又服从分配,到了新组建的"亚洲史教研室",讲授亚洲史,并从事日本史研究。从此,周一良就和这永远处于风口浪尖的北大结下不解之缘。

一九五三年,知识界批判胡适。周一良自然不得逃避,因他们两人在学术上、个人关系上有着太多的联系。胡适在美国时,就曾邀请周回国后到北大来教书,虽然他去了清华,但二人也时常见面,胡和他父亲周叔弢时有书籍往还。从心里讲,周极佩服这位父执辈的学者。作为史学界一员,他知道胡适在新文化运动中的地位,提倡白话文、中国哲学史研究、佛学研究等方面,不但开风气之先,也取得许多不可否认的成就,胡适在哲学思想、治学方法上为当之无愧的一代宗师,在私人道德上更是一代楷模。但处于某些特殊环境下,在政治面前良心就要退避三舍,不得不违心地寻章摘句胡乱批判一通:在"左"派"史学家"尹达的授意下,周一良写下了《西洋汉学与胡适》的"奉命文章",称胡适为"文化买办",文中颇有污蔑不实之词。

一九五四年,批判俞平伯的《红楼梦研究》,实际矛头还是对着胡适。陈寅恪冷眼旁观道:"人人骂俞平伯……过去你们都看过他的文章,并没有发言。今天你们都做了应声虫。正所谓'一犬吠影,百犬吠声'。"

一九五五年的当令运动名称是"肃清'暗藏'反革命"。这是一九四九年以来的一场真刀真枪的政治运动,一旦划入另类,就有捉将进去之忧。北大历史系就有一位优秀的年轻教师跳楼自尽,还有四五位学生被以"莫须有"罪名隔离审查,开会斗争。今天,这些"反革命"们大都是北大的教学和研究骨干力量。周一良这时受到上面的注意,认为他年轻,历史清白,愿意靠近共产党,于是成了培养对象。

一九五六年,周一良成为预备党员。周一良的政治表态无疑是成功的,所以他在一九五五、一九五六两年曾随同代表团出国参加学术会议,这在那时不是业务行为,而是政治待遇。出于"宁左勿右"的恐惧心态,他在出席国际会议时,对于美国或是港台的同行们保持着谨慎的距离,不但学术问题不敢随便苟同,连一般叙旧也一律免谈。入党后周一良更是自觉地靠拢组织,并担任了北大历史系副系主任的职务,积极地辅佐系主任翦伯赞,负责研究生、进修教师和留学生工作,后来又成为系总支委员,也算中层干部之列。

一九五七年,政治台风愈刮愈烈,"反右斗争"开场。当时的党委书记江隆基因不愿多划"右派"被发往地处偏远的兰州大学,北大则由靠"一二·九"起家的陆平掌舵。这位"东北才子"果然是大手笔,挥手之间,北大五百多人全都戴上了一顶二十多年不曾更换的帽子。周一良自知自己出身资产阶级,且在全民抗战时置身国外,所以谨小慎微,不敢有丝毫的越轨言论,居然躲过此劫。他的好友丁则良却没有这么幸运,竟被运动夺去了性命。丁则良(一九一五——一九五七)早年考入清华大学历史系,读书期间曾担任杨振宁的古文老师,后来执教西南联大、云南大学、吉林大学等学校。他的领导写了一部历史著作,虚伪地请丁给他提意见,丁则良本着实事求是的精神,真的提了几条,这位领导觉得丢了面子,在丁到苏联开会期间定他为右派分子。丁则良气愤不过,跑到北大未名湖自沉。周一良作为北大民盟支部负责人,还要主持批判他的大会。可是,周一良毕竟还是有些人情味,跑去悼念,为此本该转正的党员资格被推迟一年。

一九五八年,全国"大跃进",不但粮食亩产几十万斤,而且各行各业大放"卫星"——这一政治术语还是受了苏联发射了一颗人造地球卫星的启发。例如,刚刚进校的大学一年级学生就自己"编教材",学生给老师贴"大字报",批判"反动学术思想","拔白旗,反白专"。周一良也做过批判他业师陈寅恪"史学思想"的典型发言,他觉得这是党交给的任务,要义无反顾地执行。其实,对陈寅恪的批判早在五十年代初反右之前即已展开,不过那时多少尚带有一些学术的味道,后来则上纲上线,直指其为资产阶级的另类了。相比之下,同为陈寅恪受业弟子的季羡林心存厚道,没有加入到其中,在人格上应算高出周一良一筹。

周一良晚年对他此举深表悔恨,他说:"当时我入党两年,对于党的号召无不积极响应,义无反顾。党叫我批判陈寅恪先生,我的态度与五年前批判胡适时就不大一样,不加任何考虑就执行支部的意图,从未想到有一天跟陈先生见面的话何以自处,或者见陈先生于地下之时应该怎样。但是物极必反,这次'批陈'以后,我倒是逐渐更深刻地认识陈先生学术的伟大。"

一九五四年初,陈寅恪拒绝出任第二历史研究所所长,在《对科学院的答复》中也提到了周一良,他说:"我要请的人,要带的徒弟都要有自由之思想、独立之精神。不是这样,即不是我的学生。他们以前的看法是否和我相同我不知道,但现在不同了,他们已不是我的学生了,所以周一良也好,王永兴也好,从我之说即是我的学生,否则即不是。"从陈寅恪的语气中,能感到他对周一良等弟子的期望,遗憾的是他的学生在追求"独立之精神、自由之思想"上还没有自己的老师执着。

当初,周一良被陈寅恪荐入史语所后,完成了一篇《南朝境内的各种人及政府对待之态度》的文章。其中,关于"奚人"的问题,他曾多次向在北平的陈寅恪先生请教。陈寅恪才思如涌,时而一个想法,时而一个观点,都及时地写在明信片上面,寄给南京的周一良。之后,陈寅恪撰文论述《魏书·司马睿传》中的江东民族问题时,回忆了师生之间的这段交往。当时周一良还在美国,是胡适转告给他的。后来,陈寅恪先生虽然不知道周一良批判他一事,但在编自己的"全集"时删去了这段与周一良有关的文字,陈寅恪先生不是心胸狭窄的人,他不能容忍的是周一良那种曲学阿世的行为。从他把周一良逐出门墙,也可见其内心的苦痛。当时周一良一直被认为是青年学者中最有希望传承陈寅恪衣钵的,却在这样环境的驱赶下,向着另一条道路走下去了。

一九五五年,因为胡风的一场文字狱而引发了摄人心魄的"肃反"运动。在此期间,周一良亲眼见到许多优秀的人物被当作"反革命分子",有的自杀,有的被监督劳动。这触目惊心的一幕幕使他心生余悸,无论是做任何事情都谨小慎微,不敢有丝毫的越轨言行——应该说,政治运动的目的达到了。

一九五七年"反右"运动中,周一良的两个妹夫以及他的师长、同事、学生有不少人被戴上了"帽子"。而他作为积极分子还主持过批判"右派"的会议。为了划清界限,他与妹夫查良铮关系极为冷淡。以周一良的背景,他能平安度过"反右"这一关,实在是他的幸运,当然也与他积极靠拢党组织有关。

在此期间,周一良写了不少这种"遵命文章",如《人民日报》找他写一篇批判傅种孙(师大校长,数学家)右派言论的文章,他即照办,其实他根本不认识傅种孙是谁。商鸿逵(一九〇七 —— 一九八三)是刘半农的研究生,因为为赛金花写过一篇小传《赛金花本事》,也被周一良诬为"黄色文人"。有时,上面叫他写一些中国与某国人民友好的文章,其实他对那个国家所知不多,也会照例乱侃一通。

一九五八年,"又红又专"这个词汇出现。人们都知道"红"指的政治,"专"则是业务。可是这个看似浅显其实奥妙无穷的口号,却令多少士人学子苦恼了大半辈子。那时经常有"中央首长"到诸如北大、清华这样的高校去做"形势报告",先国际、后国内地猛侃一通,最后还是落实到学校里,落实在学生身上。大学生们往往递条子,问首长"怎么样才叫又红又专?""如何做,才算又红又专?"之类的问题。那时的中央首长被视为百科全书,什么难题都是不在话下的。唯独对这个"红专"的魔圈大概也是一头雾水,只好"嗯……啊……这个……那个……"顾左右而言他。说起来,这问题和禅宗和尚的悟道有些相似,的确是个玄而又玄的问题。专,好说,考五分,显然比考两分的要专。可是,红,怎么说?有些天真的师生们理解为做好事,给教室扫地,擦课桌,甚至替别人洗衣服。可这和政治有什么关系?大概从上古时代,就有这样的行善者。逐渐,人们认识了,红是要和党团组织保持紧密的一致。开会(那时几乎天天有会)时积极发言,平时多向党团的书记交心、汇报思想、写自我批判材料等——最终入团入党,就开始红起来了。等到当了党团的书记(支部的、总支的),红色就更深一些了。原来,红的程度和党团职务是有直接关联的。可见"红"是要花时间的,自然,钻研业务的时间必然被占用,还"专"什么?那时一种普遍的说法是,有了"红"的思想,学习业务可以收到事半功倍的效果,所谓"磨刀不误砍柴工"。不过,这个理论起码在周一良身上并不适用,他在当时是被视为又红又专的典型的,不但当了副系主任,而且党内也有职务——红得够可以的了。业务呢?一事无成!

一九五一年,周一良与同事们赴四川眉山土改前合影

一九六一年,周一良接待日本历史学者,左起:刘大年、周一良、高桥一、侯外庐、三岛一、翦伯赞、夏鼐、尹达

周一良和翦伯赞出访法国　　一九六四年,周一良在加纳讲学,获赠图书

周一良也曾试图用马列主义观点,以农民起义、阶级斗争为主线指导日本史的研究,以至强拉硬扯,把日本幕府时代那种同心结拜而成的势力团体"一揆"说成是农民起义,却根本得不到日本历史学家的认可,真是受累不讨好。

四、从阶下囚变为座上客

一九六六年,"文革"开始,北大又一次被抛到了风口浪尖。这倒不是因为北大有什么"革命传统",实在是因为一群唯恐天下不乱的人,把北大当成他们的"试验场"和"直播间"。

其实,北大的"文化革命"源于一九六四年的"社教"(社会主义教育运动的简称)。上面基于阶级斗争的理论,以及全国许多单位"烂掉了"的基本估计,派来了个工作组,到北大联络"左派",要揭开"阶级斗争"的盖子——现在听起来都是些莫名其妙的词汇。工作组来到学校,把教员、学生挨个地分类排队,人为地把那些整天埋头做学问的教授和尚未脱离稚气的学生都划分成"左中右"。一些自称"左派"的不得志的干部,向当年的老左派陆平发起了挑战——那次高手们的过招,究竟是左派、右派,还是台上、台下,抑或是个人恩怨、历史情结,现在谁也说不清楚。最后,似乎陆平一边暂时获胜,工作组撤离学校,聂元梓等人据说被压制了一年多。

终于，聂元梓被当成跳加官的判儿，把"文革"的大幕猛然揭开。这之后，可就有点"人在江湖，身不由己"的味道了。那个把五百多人送进地狱的陆平，也尝到"请君入瓮"的滋味，将近两百斤的大胖子被动地减了肥，甚至差点儿要了他的命。

那时的周一良竟贴大字报说伴他三十年的邓懿是"漏网右派"。路上相遇，竟形同陌路。但是他的自我表现并没有为自己摆脱厄运，很快他在历史系的师生大会上就被"揪出来"了。工资被扣发，每月只有十二块五毛的生活费，但是性格奇倔的周一良是那些"黑帮"中唯一没有低头的人。这时全校、全系揪出的人何止千百计，有众多的陪伴者，也就见怪不怪，不以为然了。真正的灾难是接下来的日子。

这时，中华书局曾想调他参加《二十四史》的点校工作，周一良天真地认为，若是在学校里面兼职还可以，如果到城里专门从事这项工作，他就不打算接受，因为那样一来就脱离了"文化大革命"运动，失去了一个亲身参加"革命"的机会。他后来后悔不迭地说，要是接受了这一任务，他的后半生可能会完全两样。

周一良听信了"要把无产阶级文化大革命进行到底"的号召，积极主动投身文化大革命当中。一九六七年，因为"观点"不同，"革命群众"中的两派对立起来，这时"黑帮"们反而被放在一边，无人问津。大多数人趁机"逍遥"了一把，男的学习"五十四号文件"（打扑克），女的搞"路线斗争"（织毛衣）。热衷于参加运动的"革命群众"，也许有的是无知，但不少人是别有所图的。这些人自觉寂寂无闻，为增加自己这派的分量，便把眼光瞄向了老干部、老教师，搞起了"解放干部"的花招。于是，发生了许多有意思的现象：过去的大干部、老教授现在纷纷向二十多岁的小毛头们汇报思想，狠挖灵魂，以争取早日解放。"解放"何为？只是争取尽早加入当时所谓的主流队伍之中。

周一良那时五十多岁，尚够不上真正的"反动权威"——那时还没有破格提拔这一说，如冯友兰、翦伯赞之流方才够格；也算不得高级的"当权派"，若是继续逍遥下去本无不可。但由于他一向是"体制之内"的，惯于

"站在前列",便在"革命小将"的动员下,站到了"在野"的反对派"井冈山"中。他自承看不惯那个"老佛爷"聂元梓的独断专行,其实那时候的当权者有几个不是独断专行的?北大还有大名鼎鼎的周培源也登上了"井冈山",还被选进了"总部",明眼人一看就知道"革命小将"的用意。那时,周培源、周一良都已皓发苍苍,被对方讥为大、小"周白毛"。周培源的地位高,影响大,很快被当局奉劝退出派别斗争,而且被专门保护了起来。周一良则没那么幸运,在那里摇旗呐喊,还参加了"反聂"的静坐示威。聂元梓那派也曾向周一良"示好",游说他"站队站错了,站过来就是了"。可是他却"不识抬举""死硬到底",以至对于依违两可,游移于两派之间的人,还不屑地斥之为"变节"。

一九六七年秋天,"新北大公社"的一队红卫兵破门而入,将燕东园周宅翻了一个底朝天。先把他们一家逼到厕所之内,然后翻箱倒柜,搜查其反动的证据,甚至把墙壁也凿开,看看是否有电台藏在其内。银行存折、邓懿的首饰被席卷一空,书籍、家具、衣物等装了几卡车,红卫兵还不解气,临走时,用墨汁在墙上面写满"打倒周一良"之类的"革命口号",而且交代他们,这些"革命标语"绝不可自行涂掉。他们一家只好天天生活于其中——直到一九七二年他的弟弟周杲良自美国回来探亲,才被校方允许粉刷去。

周一良的"问题"逐步升级,加在他头上的帽子有五顶之多——"反动学术权威""走资本主义道路的当权派""反共老手""美国特务""老保翻天急先锋"。可悲的是周一良竟天真地认为"文革"是在改造社会,"对所受非人待遇甘之如饴"。

无休止的揪斗、酷刑——这些号称"全国最高学府"的骄子们,竟然成了过去衙门里面的三班衙役、黑社会的流氓打手。审问时周被迫跪在地上,头触地面,忏悔认罪。批斗时,有人将周像扔麻袋一样在台上扔来扔去;还揪着他不多的头发使劲儿往墙上撞。他被打得死去活来,惨不忍睹——有些看笑话的红卫兵还嘲讽道"这小子真扛揍"。他所在的一派,见他出身显宦,海外关系复杂,也不敢保他,时不时地也要拉他出来斗争一番,以表明自己的无产阶级立场。这样,周一良真的成了猪八戒照镜子——里外都不是人了。他所居住的燕东园孩子们,对他的称呼也由"周爷爷"一变而为"周一良",再变而为"反动派",真是令人哭笑不得。

一九六八年春节过后,周一良被送往北京昌平北太平庄分校去"劳动改造"。五月份回校和所有的"黑帮"们集中在一起,成了"劳改大院"的二百多"院士"之一,他老伴邓懿也在其中,成了夫妇"院士"。邓懿是受了周一良的牵连。那些大院的"院士"不得私自交谈,每天只是背语录、劳动。一次夫妇二人在路上相遇,周一良怕被别人发现,竟然视而不见,连个招呼都没打。

红卫兵四处调查、搜集材料,企图证明周一良是美国特务,他们掌握的一条线索就是,周一良认识美国汉学家费正清。说起来这真是天道好还,因为五十年代,他曾在一篇批判胡适的文章中,指斥费正清是"特务"。

一九六八年秋天,"红卫兵小将"退出历史舞台,工宣队后来又是军宣队奉命上场,开始了"清理阶级队伍"。"劳改大院"虽然解散,但是回到本系"监督改造"的"院士"们日子更不好过。这时学校里面空气紧张、压抑得叫人喘不过气来,甚至有过于一九六六年恐怖的"红八月"——隔不几天就传来某系某人"自绝于人民"的消息,学校教务长崔雄昆、历史系的翦伯赞、物理系的饶毓泰等名教授,也有不少的普通教师、学生都是在此期间自弃离世的。年底,气氛稍微缓和,劳改结束,周一良才第一次回到家里。

一九六九年至一九七四年,高校都由工宣队、军宣队领导。周一良先后在长辛店二七机车车辆厂、门头沟煤矿等地劳动锻炼,还参加了所谓的"拉练"。然而自从邓小平复出之后,那种绷得紧紧的"阶级斗争"之弦暂时有所缓和。周一良和许多"黑帮"们的处境稍有改善,例如,有时也把他推出来,或出访外国,或陪同接见外宾。

周一良"拉练"归来,旁边是他的三子周启锐

一九七三年,周一良参加中日友协代表团访问日本,这时他已经被结合到革命队伍中

一九七三年,作为学者的周一良和埃塞俄比亚皇帝握手

一九七四年,神州大地突地又掀起"批林批孔"运动。先是清华大学向最高当局提交了一份《林彪与孔孟之道》的材料,突发奇想地把林彪和孔老夫子联系到一起。不过,当局并不满意,认为清华是工科学校,对这些历史毕竟外行,遂叫北大按照这个线索去整理。北大果然不负所托,许多名教授都参与其中——在当时,这是何等的荣耀,恐怕不是今人所能想象得到的。一月二十五日,首都体育馆召开"批林批孔"大会,汤用彤先生的哲嗣汤一介先生在会上宣讲《林彪与孔孟之道材料》,周一良在其后补充了历史典故部分。不久"清华北大两校写作组"成立,即所谓的"梁效"。周一良作为"能够正确对待文化大革命的典型"被校党委推荐加入了写作班子。家里许多人都觉得此事风险较大,但他听不进去。他的妹

夫宁志远跑到北大找到周一良,以"急流勇退"四字相劝,他还是没有觉悟,上了贼船。看来曾做过"地下工作"并任铁道部运输局局长的宁志远长期涉足高层,深知"高处不胜寒"的道理,只是周一良天真地以为,把所学的知识献给党,此其时也,没"过把瘾",是不甘心的。

周一良一生中最为人诟病的大概就是这件事了。其实,这事情也怪不得他,俗话说"人在江湖,身不由己",这话用来形容中国高度泛政治化的社会,再恰当不过。陈寅恪曾预写给其夫人一副挽联:

涕泣对牛衣,卅年都成肠断史;
废残难豹隐,九泉稍待眼枯人。

"废残难豹隐"概括了当时的一种现实。即是说你想要避开政治,政治却抓住你不放。何况周一良历来都是紧紧跟着党走的,他哪里懂得"党内有党,党外有派"的道理。那时已经把所谓的刘少奇、林彪两个大反党团伙"挖"了出来,他还以为党内更加纯洁,更加一致了。周一良就是这样再次被推进政治旋涡之中,从阶下囚升为座上客——在那场史无前例的动荡中,几乎每天都在上演这种时而翱翔九天,时而落难十八层地狱的趣剧。

"梁效"设党委书记一人,系"八三四一部队"的干部担任,北大、清华各出一名副书记。"梁效"的三十几个成员除年老者外,一律集中食宿,每天三段时间(包括晚上)必须到班,住在朗润园的北招待所里面,对外严格保密。他们主要任务是为配合"党中央"的政治任务而写"文章",题目由迟群、谢静宜直接下达。北大的著名教授冯友兰、魏建功、林庚、周一良都参加了进去。他们所在的是"注释组",因为伟大领袖晚年惟对中国古代史感兴趣,开会、谈话中间,时而蹦出一个"僻典",把那些缺乏文史训练的中央大员们弄得莫名其妙,于是赶紧给"注释组"的革命"老"将们下达任务,令他们尽快找到出处,解释清楚。说白了,他们不过是江青诸人的一部"电脑"词典而已。

周一良在"梁效"内,写过一篇论柳宗元《封建论》的文章,还有一篇

《诸葛亮与法家路线》是比较有"分量"的。有时,他还曾为自己的知识派上了用场而沾沾自喜,这与陈寅恪先生"天赋迂儒自圣狂,读书不肯为人忙"的襟抱,差之何以道里计。所以,陈寅恪就是陈寅恪,周一良只能是周一良。他终于又"潇洒"了一把,当上了"十大"代表,领袖身后名列"治丧委员会",还参加了"守灵"。

一次,周一良陪同江青去小靳庄"指导工作",顺便回天津看望老父周叔弢。父子闲谈中说到"梁效"的文章,谈及吕后时,子说,要为吕后翻案;父说,吕后是历史上公认的坏女人;子说,那是旧的说法,这个观念过时了,现在用无产阶级历史观看,吕后还是有革命性的;父无言以对。

一九七六年十月二十七日,周一良照常到北招待所上班时,发现门口已经有军人站岗,封锁。原来,十月六日晚上发生的那件事情,现在才波及至地处海淀的北大,时间已滞后了三个星期。老戏新唱,"梁效"们又是上下易位,经历了一次由座上客到阶下囚的过程,罪名是"现行反革命"。周一良坦承,他没有经过什么思想斗争就投入到揭发批判的斗争中去,比起"文革"开始时的不理解是大不相同了。令人不解的是,既然今日如此豁达,又何必当初那样执拗呢?

"梁效"们再次集中起来,不过换了地方,也换了角色。他们两三个人组成一个小组,由上边派一人监督,后来每人有一个监督人员,又享受到了隔离审查的待遇。监督人员——可能就是昨日的红卫兵、造反派,疾言厉色、大会小会地审问、批判、斗争,叫他们揭发、交代、写检查。总之,还是"文革"那套做法,从武则天时代到魏忠贤时代少有改变——唯一进步的是这次废除了体罚,但是营造的精神压力氛围却远在"文革"之上。他们经过了内部批斗、所属各系师生的批斗,大小场面都经历过了。周一良毕竟是经过风雨的,所以在首都体育馆批判迟群、谢静宜大会上,作为陪斗者的他,处变不惊,泰然处之。审查了近两年的时间,时松时紧,他终于被告知,免于党政处分,不记档案——这一页又算揭过去了。

但是社会舆论的谴责,恐怕比行政审查更令人难堪。当时,流传着舒芜先生——他给胡风下绊子的事情早已过去——的诗作《四皓新咏》,讥讽"梁效"中的四位学人:

贞元三策记当年，又见西宫侍讲筵。
莫信批儒反戈击，栖栖南子是心传。

（冯友兰）

诗人盲目尔盲心，白首终惭鲁迅箴。
一卷离骚进天后，翻成一曲雨铃霖。

（魏建功）

射影含沙骂孔丘，谤书箧钥护奸谋。
先生熟读隋唐史，本纪何曾记武周？

（周一良）

进讲唐诗侍黛螺，北京重唱老情歌。
义山未脱捋①扯厄，拉入申韩更奈何！

（林庚）

之后，唐兰、王利器等人均有和《四皓新咏》之作，也可见人们对"四人帮"的深恶痛绝、同仇敌忾之心。可能是当时既然欲诛"四人帮"而不可得，就只好笔伐"四皓"来解气了。其中关于周一良的一首，还有一段误传的典故。据传，"梁效"驻地的周一良屋里有一保险柜，内藏有某中央要员的"黑材料"。军队接管此地后，曾以枪逼迫周交出保险柜钥匙等——就是所谓"谤书箧钥护奸谋"云云。其实，这都是想当然的以讹传讹，一个"侍讲"怎么会参与这样核心的枢机密要呢。

不久，周一良等人都各收到了一封奇怪的匿名信，收信人写的是"周一良道兄"，里面只是一件书法小件，四个大字"无耻之尤"，署名是"一个老朋友"。魏建功也收到一件，写的是"迷信武则天"。字体是经过故意变换的，但他们还是认出那可能是出自启功先生的巨椽之笔。好在周一

---

① 即捋，意为撕；取；拔；拉。

良熟知历代典故,区区小事也就不会放在心上,反而觉得这是正义感的表现——何怒之有?何恨之哉?魏建功(一九〇一——一九八〇)先生缺乏周一良的雅量,把启功的书法全都撕碎之外,从此翻脸不理他。魏建功先生也承受了巨大的压力,心情抑郁,于一九八〇年去世。

后来,监管流于形式,周一良利用这段时间倒是读了不少的书,其中有"马列",也有线装书。他把《二十四史》从头至尾通读了一遍,又拾起他年轻时涉猎的研究方向——魏晋南北朝史。《魏晋南北朝史论集续编》(北京大学出版社一九九一年出版)汇集了这一时期的有关论文。在政治史和经济史方面,《论梁武帝及其时代》一文以流畅的笔法,详尽探讨了梁武帝统治时期的政治得失、南北关系、文化风貌;《从北魏几郡的户口变化看三长制的作用》具体考证了北魏后期的社会变革。在史学史方面的论文,有《魏晋南北朝史学发展的特点》《魏晋南北朝史学著作的几个问题》《略论南朝北朝史学之异同》《魏晋南北朝史学与王朝禅代》,从不同角度概括总结了魏晋南北朝史学发展的脉络,史实清晰,论述翔实。书评《评介三部魏晋南北朝史著作》《〈博陵崔氏个案研究〉评介》没有流于一般性的介绍的赞誉,而是对论著涉及的有关问题进行具体的探讨和分析,是学术评论的经典之作。

一九九七年,北京大学出版社重新印刷出版了周一良先生的《魏晋南北朝史论集》(北大名家名著文丛),该书按时间顺序分为上下两编,汇集了他在魏晋南北朝史方面所发表过的大部分论文。

遗憾的是周一良重新捡起魏晋南北朝研究时,已经无法聆听陈寅恪先生的教诲了。世纪之末的一九九九年十一月二十七日,在纪念陈寅恪先生一百一十周年诞辰大会上,周一良——这个最有希望成为陈先生衣钵传人的高足,由别人代为宣读了"向陈先生请罪"的书面发言。他说:"我相信我这个迷途知返的弟子,将来一旦见陈先生于地下,陈先生一定不会再以破门之罚来待我……"可见年近迟暮的周一良泣血椎心之痛。

周一良先生在二十世纪四十年代就留意于中国佛教史及敦煌文献的研究,曾撰写博士论文《唐代印度来华密宗三僧考》(英文)。在敦煌研究方面,他参与了学术界关于变文俗讲的讨论,考订了若干敦煌写本和敦煌文学作品中的词语,并参与《敦煌变文集》的校订工作。他撰写的《〈牟子理惑论〉时代考》《敦煌写本杂钞考》《佛家史观中之隋炀帝》《宋高僧传善无畏传中的几个问题》等文章,多收在《魏晋南北朝史论集》(中华书局版)中。一九九五年,周一良先生与赵和平教授合作出版了《唐五代书仪研究》(唐研究基金会丛书,中国社会科学出版社)。书仪是古人撰写书信时的范本,史籍记录的五代以前的书仪已基本失传。一九〇〇年发现的敦煌石室遗书中,保存了唐五代时期的书仪写本达一百四十余种,有许多是传世文献中所未见的珍贵材料。该书由十三篇论文组成,分为"综合性论文""个案性研究论文""专题性研究论文"三部分,其中《敦煌写本书仪考》(之一、之二),以及《书仪源流考》《敦煌写本书仪中所见的唐代婚丧礼俗》《唐代的书仪与中日文化关系》等五篇论文为周一良先生撰写,文章对唐五代书仪的类型、源流和演变进行了多方面的考证,全面剖析了敦煌书仪中所反映的唐代社会生活及其对日本历史的影响。

周一良先生对亚洲史,尤其是日本史造诣尤深,创设了亚洲各国史的课程,培养了一批亚洲及日本史的教学和研究人才,在世界史方面的著述有《中朝人民的友谊关系与文化交流》(开明书店,一九五一年出版)、《明代援朝抗倭战争》(中华书局,一九六二年出版)、《中国与亚洲各国和平友好的历史》(上海人民出版社,一九五五年出版)、《亚洲各国古代史》(上册,高等教育出版社,一九五八年出版),以及《中日文化关系史论集》(江西人民出版社,一九九〇年出版,收录了《日本明治维新前后的农民运动》《关于明治维新的几个问题》《鉴真东渡与中日文化交流》《孙中山的革命活动与日本》等论文)。二十世纪六十年代,周一良先生与武汉大学吴于廑教授共同主编了四卷本的《世界通史》(人民出版社,一九六二年出版),周先生负责其中的东方及中外关系部分,该书作为高等学校文科教材,多次再版印刷,影响了一代学人,推进了中国的世界史研究。二十世纪八十年代后,他还主编了《中外文化交流史》(河南人民出版社,一九八七年出版),对文化的概念以及中外文化交流的一些理论问题进行了多方面的探讨。无奈毕竟垂垂老矣,研究学问的大好时光已经过去,当初的灵感不再,周先生已很难取得有突破性的成就。

从一九三二年发表《魏收之史学》开始,周一良先生从事史学研究六十余年,在中国史、日本史、亚洲史、敦煌学及中外关系史诸领域都有著作问世,其中大部分代表了这些研究领域的最高水平,许多论著开风气之先。在六十余年的教学生涯中,周一良先生以其渊博的学识、扎实严谨的学风、诲人不倦的师德、平易近人的态度,赢得了海内外学者的爱戴和尊敬。从周先生的学术成就可以看出他的涉猎之广,研究之深,若是一直继续下去,应不逊色于陈寅恪先生。至此我们不禁抚膺而叹,周一良如果生于一个和平稳定的时代,他的学术造诣绝不仅限于此!太多的政治运动侵占了他的时间,耗费了他的精力,埋没了他的灵感,堵塞了他的学术之路。

一九八九年,周一良与他的老同学杨联陞在美国吃龙虾

周一良与历史学家汪荣祖

一九九七年,周一良在日本出席授奖仪式

一九八七年，周一良在巴黎圣母院前　　一九八九年，周一良夫妇在纽约儿女的家中

五、终于找回了自我

一九八〇年，魏建功先生去世。周一良在其追悼会上，看到王西征先生一副挽词的下联是"五十年风云变幻，老友毕竟是书生"，不啻醍醐灌顶，使他顿有大彻大悟之感。原来自己三十年来，改造也好，革命也好，紧跟也好，输诚也好，剥去那些"马列主义者""共产主义战士""又红又专"之类的浮词套语，最后剩下的不过"毕竟是书生"而已——他曾向朋友表示此句之后应该缀上"书生上了当"。

周一良又重新进入角色，捡回了荒废多年的业务，从事魏晋南北朝研究。同时，在历史系主任邓广铭主持下，又开始了以前未曾涉及的领域"敦煌学"研究。继邓广铭之后，他又担任了一届系主任，不过这时的系主任和他以前所任有天壤之别，没有政治运动，没有站队的问题，虽然仍免不了人事的矛盾，依然有人整人的现象，但是大气候终归变了。在他的任期内，促成了考古专业独立成系。同时，在他力主下，把准备调到中华书局的中文系吴小如，安排在历史系中古史中心工作。他还参加了一些大型辞书的编写工作，总体来说，心有余而力不足，垂垂老矣，这是那个时代的悲哀，怨不得某个人，更不能怪他。

不过，这二十年总算是太太平平，虽然一度有"清污"之议，又要掀起风浪，但毕竟人心思治，不会再重复过去的日子。周一良时常去海外走走,参加会议,看望子女,尽享天伦之乐。一九九八年,《毕竟是书生》出版之后,立即引起社会上广泛的关注,表示理解同情的很多,非议不谅解的也不少——人们认为,许多事情不是一句"毕竟是书生"就可以遮盖得了的。但是,周一良仍旧坚持初衷,并对汤一介说:"我们自责是应该的,但历史还是历史。至于这段历史的真相,可能是我们这样的书生永远也弄不清楚的。"此时,八十五岁的周一良来日无多,已经没有什么顾忌的了。

一九九三年一月十九日是周一良先生的八十大寿,学校同仁为他举行了一个小型的庆祝会。众人高度评价了他的为人与学问。周一良总结了自己做人和做学问的心得,他说他做人的原则是始终坚持中国的儒家思想,即"一以贯之,忠恕而已矣",另外加上"民主、平等"的理念。这也算是对他一生的总结了。

周一良先生于二〇〇一年十月二十三日清晨在睡梦中去世,守在病榻旁的儿子们没有听到一点动静。周一良先生就这么安详地走了,享年八十八岁,是米寿。

周一良先生的夫人邓懿于二〇〇〇年病逝,葬在北京大学附近的一座公墓里。那里原是"东北义园",种满了桃树。大理石的墓碑上刻着"泰山情侣"及周一良和邓懿两位先生的名讳,底座上有家人撰写的对联。

周先生晚年患帕金森病,右手颤抖不能握笔。八十六岁上又摔倒两次,造成左右股骨的骨折,卧床许久。后来靠轮椅代步,有人搀扶时,可以勉强走路,但他直到临终都头脑清晰。二〇〇一年国庆节期间,他把周家三十多人召集在北大"无名居饭庄"聚会、合影,可谓是一次空前绝后的团聚。他的四个儿女难得一同由美国、天津到北京看望父亲,他先安排全家到万安公墓西静园给他父母扫墓,又率领儿女为邓懿扫墓。这是他想做的三件事,都做到了。

还有什么想做的?儿女们问。足迹遍及亚、非、欧、美的周先生想了想说:"上有天堂,下有苏杭。我快上天堂了,只是从没去过苏杭,希望能去看一看。"可是医生不同意他出远门,苏杭之行未能实现,这可能是他唯一想做而没有做到的事了!

一九七八年,惊魂初定的周一良夫妇庆贺他们结婚四十周年

一九九一年,周一良及亲属们在纪念周叔弢一百周年诞辰展览会上

一九九四年,邓懿八十寿辰与家人的合影

一九八七年,周一良与季羡林等在香港敦煌学会议上

一九九三年,周一良八十寿辰时,患难夫妻合影

周一良引以为自豪的是他骑车骑到八十岁,可是就在学生们为他庆生后,他骑车出了意外,此后只好坐上轮椅

周一良夫妇在家中　　周一良八十岁留影

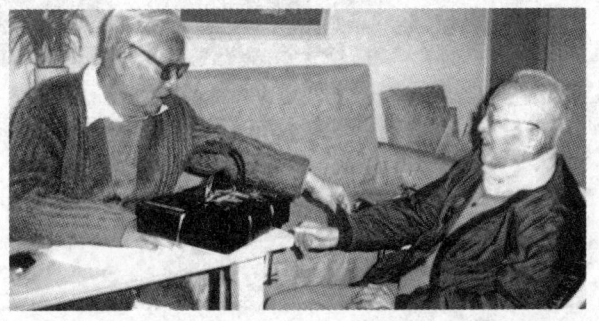

周一良与相交七十年的叶笃义

一九九八年，周一良夫妇庆祝他们结婚六十周年

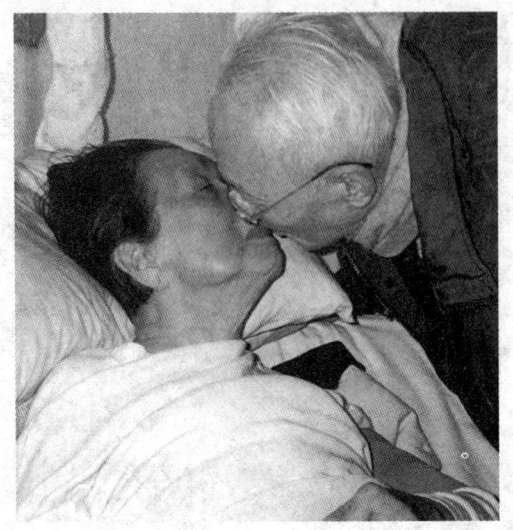
周一良与邓懿的最后一吻

周一良在邓懿的墓前

第五章 周家代有英才出

◎

一、周馥的其他子女

周馥有六个儿子,除三子周学涵早夭,其他五子均学有专长,堪称某个领域的佼佼者。

1. 长子周学海

周学海(一八五五——一九〇六)字澂之,是周馥的长子。光绪十四年(一八八八)周家三兄弟同时应试,周馥次子周学铭中顺天副榜第七名。光绪十八年周学海进士及第,殿试得三甲第十九名,其弟周学铭列二甲第七名,兄弟二进士,也是一段儒林佳话。

周学海中式后以内阁中书用,后官至浙江候补道。他们兄弟几人皆拜李慈铭(《越缦堂日记》是其代表作品)为师,李曾夸奖他们没有贵族子弟气,兄弟友爱恂恂,为近日所难得。后来,他分发河南清江,周馥考虑到家庭人口日增,生计艰难,便叫他回扬州照顾大家庭,而不愿意他到远方去做官,周学海遂定居扬州。一八九七年,周学海署理河务同知,五年后,以道员分发江苏候补。他曾以盐运使名义在泰兴掌管家族企业"泰合成"盐号。在他为官时,时常从繁忙的政务中抽出时间为人治病,丝毫没有官员的架子。他博览群书,广采众家之长,而且重视将理论与行医实践结合起来,他的医学理论师宗张璐、叶天士,又有着丰富的临床经验,所以对诊脉有极为精辟的论述。在传统的举、按、寻、推等指法之外,提出自己独特的移指法、直压法等。他将脉象归纳为浮、沉、迟、数、缓、急、大、小、滑、涩等十纲,结合其他细微差别,使脉象全面地反映出病情的变化。

周学海一九〇六年病逝于南京,年仅五十一岁。

周学海淡泊名利,不喜逢迎,只爱读书。因为身体孱弱,他三十岁后立志学医,对脉理、药学皆有精辟之研究。据说,他治一般的病和其他大夫没有多大区别,而遇到疑难病症却有奇验,尤其擅长治伤寒。他身后留下了《脉学四种》《脉义简摩》《脉简补义》《诊家真诀》《辨脉平脉章句》《形色外诊简摩》《伤寒补例》《读医随笔》《评注医书》等丰富的著作;其中有部分是他校订的宋元医籍,其他大部分都是其自撰或评注本。

和那时的许多人一样,周学海也染有芙蓉癖。自小体弱多病的周学海大概出于一种糊涂的见解,认为鸦片可以治疗某些疾病,因其对止痛、提神往往有奇效。其实,那不过是通过毒素的麻痹作用缓解一时的病痛,是饮鸩止渴的自杀行为。好在,周学海只是把鸦片当作药物,定时定量地吸上几口,然后即做自己的事情,从不在烟榻上面消磨时间。

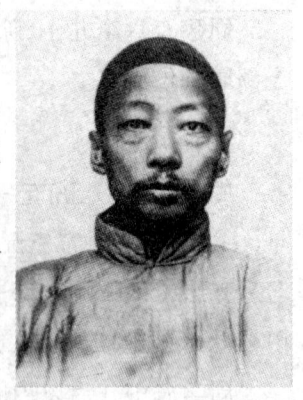

周学海

周学海的夫人是个慈祥的妇女。周馥的三个侧室之一不知为了什么缘故被赶出周氏家门,而她的小儿子还在吃奶。周学海的夫人也刚分娩,便自愿喂养这个失去母亲的小叔子。后来,这个孩子长大成亲,周学海夫人还以老嫂子的身份告诫小两口,夫妻抬杠拌嘴时,切莫提起他母亲的事情,那样是会刺伤别人自尊心的。

周学海的子女，前坐者左起：周今觉、周叔弢、周遴；后排站立者左起：周云、周进、三女、长女、五女、八女、七女

2. 次子周学铭

周学铭（一八五九——一九一一）中进士后，庶吉士散馆之后外放四川蓬溪知县，任江津县令。

周学铭刚刚上任，县内发生雹灾，他令夫人拿出私房钱设立粥厂救济灾民。灾生匪，县内土匪横行，周学铭又动用自己家中所有，办团练剿匪，保卫了一方的平安。他还劝农劝桑，开辟商贸。《江津县志》说他"存心忠厚，诉狱公平，政教兼施，勤于克士"。

有"联圣"之称的四川名士钟云舫赞他赈灾，将之比作慈母："母闻此耗心中裂，捶胸一痛冰成血；急装千里散青钱，五百道乳供儿食，脑肠化尽母身膏，百万饥儿方起色。"赞他剿匪："公部民兵捐练费，提刀杀贼忘官贵；步行险阻不知劳，官鼓五更犹不睡。"

周学铭因为政绩突出，后升至二品道员，改任江西，署江西按察使（臬司）。一九〇四年，其父任两广总督，周学铭循例回避，改任湖南候补道。一九一〇年，周学铭遵父命，潜心纂修《建德县志》。因为周学铭还担任修建皖南铁路之事，所以只好请诸乡贤在周馥的芜湖居所一同来帮忙。经费不足，周学熙捐资了一千两银子。经过大量的走访、考证、查阅，三四年之后终于编纂成功，为家乡留下了一份宝贵的历史资料。

3. 五子周学渊及其子女

周学渊(？——一九五三)是周馥第五子,字立之,晚年自号息翁。光绪二十九年进士,历任广东候补道、山东候补道、军机处记名等职。一九〇六年任山东大学校长,一九〇九年任山东调查局总办。周学渊自幼颖悟多才,他虽有功名,却鄙薄仕途,而致力于版本学研究。他喜欢吟诗度曲,流连山水,一生对投资企业避之唯恐不及。即使家中的事情,他也不闻不问,是个放荡不羁的豁达之士。他曾与辜鸿铭组建诗社,诗稿众多,可惜大多散失,著有《晚红轩诗存》《八家闻适诗选》等。

周学渊曾有多首题武义士(武训)小传,下列其中一首：

> 陋巷箪食味自真,千秋教育尚精神。
> 弥缝独赖鲁中叟,笑尔东西南北人。

> 热血孤肠一时无,肯同阮籍哭穷途。
> 平生不受嗟来食,要把乾坤属腐儒。

> 被褐休嗟原宪贫,乞儿风骨自嶙峋。
> 读书种子今已绝,太息神州末路人。

周铨庵(一九一一——一九八八)是周学渊的二女儿,她原名杏铨,幼年失母,父亲把她寄养在舅舅张叔诚家里。张叔诚是张翼的儿子,也是个实业家。周铨庵自幼爱听京剧,尤其喜欢悲剧的做工戏,像程砚秋的《荒山泪》《文姬归汉》《春闺梦》等青衣戏。由此,她对昆曲产生了极大的兴趣,由袁克文介绍,她参加了"同咏社"学习昆曲。她发现昆曲在表现人物的心理上面比京剧要细腻得多,从此开始研究昆曲。

学习昆曲,先要请老师排曲,要把剧中人物的唱、白全都学会,难度比京剧大得多,但她一天天地坚持了下来。一九四一年,她加入"辛巳曲社"。抗战胜利后,她又加入"开滦曲社",师从南昆名角施砚香学习坤角身段,从此她专攻旦角。一九四六年,周铨庵在开滦俱乐部首次登台演出,在《长生殿·小宴》中扮演杨贵妃,大受欢迎。之后,她南下沪滨,向南昆名家讨教学习,演技大进。一九五三年,周铨庵与谢锡恩结为伉俪,从此定居北京,谢锡恩是著名的音乐史专家。

一九五六年,北京昆曲研习社成立,周铨庵是主要发起人之一。一九五七年,该社排演全本的《牡丹亭》,周铨庵出演主角杜丽娘,一时好评如潮,也造就了昆曲艺术空前的一个高峰,此后盛况不再,无论有心者如何提倡也无济于事了。

一九五九年,周铨庵应天津戏曲学校邀请,到学校任昆曲教师。但她又不愿意脱离北京昆曲研习社,遂每周三次往返于京津之间,直到一九六三年辞去戏校的教职。她在任教期间,对学生要求严格,对艺术一丝不苟,培养了许多优秀的演员。

一九七九年,北京昆曲研习社恢复活动,年事已高的周铨庵出任副主委,主持授徒、演出等工作,继续为拯救昆曲而努力奔波。

一九八七年,周铨庵以七十七岁高龄,在北京科学礼堂上演《牡丹亭·惊梦》,为最后一次登台。

4.周学辉及其子女

周学辉民国时曾任国会参、众两院议员,一九一五年出任财政部创设的华新纺织公司的督办。周学辉的诗文有相当功力,是天津城南诗社的成员,与许多名人都有诗歌唱和。

癸亥正月十七日城南社集分韵得七字

长安有女颜如玉,借问芳龄才十七。
十三学得琵琶成,名在教坊推第一。
五陵少年多贵人,香车夜走如风疾。
清歌美酒乐无穷,千金一掷不足惜。
吁差夫,千金一掷不足惜,可怜海内民脂竭。

周明和(一九〇〇——一九八四)是周学辉的次子,自幼喜欢古文诗词,而不喜欢算术。在天津新学书院毕业后,先后服务于平绥铁路和北平自来水公司。周明和淡泊名利,与世无争,与人无争,而结缘佛门,长年吃素,读经、注经。

周莲荃(一九〇四 — 一九九六),后改名仲铮,是周学辉的幼女,旅德作家和艺术家。受"五四运动"的影响,周仲铮曾于十五岁时,为了争取和男孩子享有同等的受教育权利离家出走两个月,成为当时社会上的热门新闻。她的这一豪举受到当时北大教授李大钊、胡适的支持。最后她终于进入天津的北洋女子师范学校,后来又就学于南开大学。一九二四年,周仲铮赴法国,进入巴黎政治大学,是中国女子在该校的第一人。她后来在巴黎大学获文科博士。一九四〇年,周仲铮与德国汉学家克本结婚,二战时在柏林过了五年的地下室生活。一九五一年,周仲铮转赴德国学习艺术,并开始写作,成为海内外知名作家,可谓书、画双丰,一九五三年开始在欧洲各大城市巡展,张大千、潘玉良都曾看过她的画展。她晚年将自己大量藏书万余册,全部捐献给母校南开大学。

周仲铮才华横溢,她写过小说、散文,她的代表作《小舟》曾是德国的畅销书,被翻译成中、英、法、意、荷五种文字,她在北京现代文学馆开设海外华人作家文库。她的画作题材广泛,风格独特,曾多次在中国、德国、法国、西班牙等国举行画展,北京、天津博物馆都收藏有她的作品。

一九九六年,周仲铮在遗嘱中安排将她与其德国丈夫的骨灰安葬于北京万安公墓——她父母的墓地旁边。

二、周学熙的儿子们

1. 长子周明泰

周明泰(一八九五 — 一九九四),字志辅,从小没进过现代学校,是念私塾受的教育,有旧时代公子哥的做派。

一九四九年周明泰去香港,没带多少现金,却带走许多地契、房契——后来都成了废纸,之后生活渐入窘境,多亏他的姨太太精明能干,给他帮助不少,后来得以定居美国。他自幼痴迷京剧,不但去戏园子听戏,还花钱买名角的唱片,是专门收集戏剧资料的收藏家。他每次听唱片都是郑重其事、正襟危坐,将其视为一件严肃事情,这也说明他对艺术的态度。他早年曾对经史饶有兴趣,研究过《易经》《三国志》等,并有专著问世。同时,他酷爱京剧,和一般票友不同的是,他不是捧角,或是彩衣清唱、粉墨登场,而是从历史角度研究京剧的由来和发展。为此,他收集了上万张清末民初的戏单,可谓是海内无第二人。

戏单本是极为普通的物件,看戏时每人奉送一张,一般人看过也就随手丢弃,但周志辅却独具慧眼,认为这是戏剧发展史的绝好见证——真实、客观地记录了一个时代、一个地方和某个剧团、某个演员的翔实资料。所以,他把从一八八一到一九四七年的戏单,精选出来,编辑成册,辑录为《五十年来北平戏剧资料》。他还编印过研究昆弋腔的史料,如合肥方氏昆弋《伶官谱》、昆弋《身段谱》《乐谱萃珍》《乐谱选萃》,以及内廷剧目《江流记》《进瓜记》,还有宫廷戏剧史料《内廷承应戏目》《乾隆九年春台班戏目》《升平署脸谱》等,都是不可多得的珍贵史料。

一九八九年周一良去美国时,与周志辅(右二)全家在一起

2.次子周明焯

周明焯(一八九八 — 一九九〇),字志俊,号艮轩主人。周志俊幼年寄居山东,因体质羸弱,曾在青岛崂山休养。自然环境的陶冶,对他性格的造就和培养起了很大的作用。周志俊自小喜欢读书,尤其是文史哲学。成年之后,他看到中国国弱民贫的现状,决心走实业救国的道路。周学熙

送他到美国汉密尔顿工商学院学习经济学、企业管理学。青岛华新纱厂建成后,他曾在工厂担任见习技师,掌握了纱厂的一套生产技术,为他将来在纺织业发展打下坚实的基础。他后来与父亲周学熙一起接手濒临破产的青岛华新纱厂,任常务董事。其时,日本商人在青岛开设了六个纱厂,企图用压价、收买熟练工人等手段挤垮华新。

周志俊与父亲一起接掌华新后,采取扬长避短的方法,又建立了织布厂、轧花厂、印染厂等,使华新成为纺、织、染一条龙的综合企业。"七七

周志俊

事变"之后,日本人妄图暗杀周志俊,以霸占华新。他们给周志俊扣上一顶"抗日份子"的帽子,要求日本宪兵队逮捕周志俊,周志俊只好南下上海再创业。

周志俊是周家实业界代表人物,他所创办的"久安"资本集团,是周氏家族南下上海的主力军,在抗战期间发挥了重要作用。一九三三年,周志俊去西欧、北美等十多个国家考察了国外的棉纺工业,回国后即为华新厂制订了更长远的发展计划。可惜,卢沟桥的一声枪响,使周志俊的远景规划化为泡影,华新厂本身也蒙受巨大损失。周志俊决定把厂子迁到上海租界内,又先后办起了信和纱厂、信孚印染厂、信义机器厂,并投资上海毛绒厂,以后又成立久安信托公司上海分公司,不久扩大为久安银行,加上久安实业,久安企业所属的新业电化、利用纱厂、和丰纱厂、大沪百货、久安房地产等,逐渐形成了一个庞大的久安集团。为了支援抗战,久安集团一九四〇年又与永安纱厂、中纺纱厂、英商信昌洋行在香港组建了安华贸易公司,开展运输业务,主要路线是广州到韶关一线及昆明到仰光一线,运销自产的纱布和战略物资,供应大后方。这个公司拥有两百辆卡车,数年间奔波在西南高山峻岭之间,有力地支援了抗战。

周志俊的爱国之举引起了汪伪"七十六号"的注意。一九四一年一月的一天傍晚,他刚刚走出信和纱厂的办事处,就遭到了四名特务的绑架。他见势不妙,机警地夺路而跑,绑匪追不上就拔枪射击,他不幸被击

中腹部倒在路边。诸匪见已肇事,遂纷纷逃遁无踪,周志俊被送往医院抢救,幸未致命。住院一月后,他转去天津和北戴河养伤。可是走到北戴河自家的"趣园"门口,昔时的"趣园"早已无趣可言,房子已被日军占领。周志俊回到天津告知父亲,周学熙愤怒地赋诗一首:"忆昔椿庭扶杖游,转头二十五春秋。窗前绿树荫犹在,门外清波去不留。痛惜桑田成沧海,忍看华屋变山丘。儿孙敢望尚能武,且喜新诗雅韵流。"诗中既表达了沧桑忧愤之情,也对儿孙辈充满了无限的希望。

数月之后,太平洋战争爆发,日本人进入上海租界,香港和仰光也相继沦陷,久安集团在租界内的工厂被日本人军管,被迫停产,损失巨大。面对接踵而来的困难和打击,周志俊没有退却,他以高度的责任感,尽自己所能地维持家业,为了解决部分职工生活问题,他开办了一些小工厂,勉强支撑,同时跑跑证券交易所,买卖股票,发行本集团股票,指望能吸收些游资,为战后企业复兴之用,这样一直苦撑到了日本投降。人们称赞周志俊不愧为一条硬汉,不屈不挠地闯过了无数难关。

周志俊到天津休养恢复后,又重返上海。他的所有企业无不遭受巨大的损失,但他顽强地支撑着,直到抗战胜利。之后,他又创办三新工厂,即新安电机厂、新成电表厂和新业制酸厂。一九四九年后,周志俊响应公私合营,放弃定息。"文革"后,他将发还给他的工资全部捐献国家。一九九〇年,周志俊在济南去世。

3. 三子周明夔

周明夔(一八九九 —— 一九七〇),字志和,后改叔迦,尚有诸多笔名,如云音、演济、水月光等,视著作性质不同而用不同笔名,以叔迦为人熟知。周叔迦一九二〇年毕业于上海同济大学工科,后自行开办机器厂,因不善经营而亏损倒闭,遂赴汉口六河沟煤矿谋事,以增阅历。他又背着父兄私营商业,但他缺乏乃父的精明,被人愚弄,损失巨大,几致破产成讼。周学熙闻知后,因家产已经分析,他所得的一份已赔累一空,只好由次子志俊代他清理。周学熙对他不守家规很是恼怒,令他移居青岛,闭门读书。

周叔迦于一九二六年至一九二七年旅居青岛期间,曾接触过一位密宗传法大师,自此潜心研究佛学。一九二九年,他在青岛创办了佛学研究社,集有志学佛的同窗好友共同研究,后来将佛学研究社又改组为青岛佛学会。一九三一年周叔迦先后于北京大学、清华大学、中国大学、辅仁大学、中法大学等学校担任教授,讲授中国佛教史、佛教文学、因明学、三识论等。一九三三年,他在北京大学主讲"唯识学"时,将授课教学的讲义编成《唯识研究》一书。一九三六年,周叔迦担任华北居士林理事长,创办佛教图书馆、举办佛画研究班。佛教图书馆中藏书达万余卷,全部对外开放。他收藏了许多佛画,其中不乏精品,如《五大明王像》、明代的《水陆画》、西藏的《二十五佛》等——只可惜这些不可再得的绝世珍品毁于"文革"鏖火。因为收集佛画,所以他对"敦煌学"也有深入的研究。一九四〇年,周叔迦在北京瑞应寺开办中国佛学院,自任院长,主讲佛学课,与佛教居士在北京组织中国佛学研究会,自己主持编印佛教史志六种,同时还担任《微妙音》《佛学月刊》两种杂志的主编,经常发表佛学论文。

抗战胜利后,周叔迦加入中国民主同盟。

一九五〇年,他出任中国尼泊尔友好协会副会长。在肃反运动中,周叔迦蒙受了许多冤屈与屈辱,这时他用了"杌人"的笔名。杌乃是小板凳之意,义为自己只能坐在矮人一等的冷板凳上面,继续研究他的佛学。一九五三年六月,他与陈铭枢、赵朴初等发起组织中国佛教协会,圆瑛法师当选会长,喜饶嘉措当选第一副会长,赵朴初当选第二副会长兼秘书长,释巨赞、周叔迦当选副秘书长。后周叔迦曾代表中国佛教协会参加锡兰释迦牟尼佛涅槃两千五百年纪念大会,又参加北京房山石经的拓印工作,并开展对全国石窟的调查工作。一九五六年,周叔迦被印度摩诃菩提会吸收为终身会员,是年,中国佛教协会在北京法源寺成立中国佛学院,周叔迦担任院长兼教务长,亲自授课。周叔迦的佛学著作,除了早年出版的《唯识研究》《因明学》外,还有《中国佛教史》《法华经安乐品义记》《牟子丛残》《法华经安乐行义记》《佛说药师如来本愿经疏》《佛说阿弥陀经义疏》《佛说决定毗尼经疏》《菩萨戒仪汇集》《灌佛形象经疏》《因明新例》《法苑谈丛》《印度佛教史》等,殁后,他的弟子苏晋仁将他讲授课程时编著撰写的稿本和未结集的论文辑成《周叔迦佛学论著集》出版。

周绍良(一九一七——二〇〇五),周叔迦的儿子,受家庭影响,一生笃信佛教,并从事佛学研究。他是著名的红学家、敦煌学家、佛学家、收藏家(尤其喜欢收藏清代古墨与古籍)、文物鉴定家。六岁入私塾,有深厚的国学根底。一九三五年,师从著名学者唐兰、谢国桢学习古代文学史,曾在北大做旁听生,拜陈垣为师,学习古代文学史、佛学及书画艺术,之后一直在家治学。抗战事起,曾在云南等地担任过一些事务性职务,服务社会。

一九五四年,周绍良任职人民文学出版社,负责古典文学编辑。

经过"文革"一番折腾之后,周绍良于一九六九年到湖北咸宁"五七干校"劳动锻炼。

一九八〇年,周绍良当选为中国佛教协会理事会理事,任佛教图书馆馆长。

一九八六年,周绍良被聘为国家文物鉴定委员会委员,当选为北京佛教协会副会长。

一九八七年,周绍良当选为中国佛教协会副会长,任北京佛教音乐团团长、中国佛教文化研究所所长。

一九八八年,周绍良当选为中国吐鲁番学会语言文学分会会长、中国唐史学会副会长。

周绍良先生还曾致力于红楼梦研究,他与朱南铁合著的《红楼梦书录》及《古典文学研究资料汇编·红楼梦卷》乃是红学爱好者之必备。不过,他的红学研究也有不少非议,在此不多赘述。

周绍良代表作品有《敦煌变文汇录》《红楼梦研究文集》《唐代墓志汇编》《清代名墨丛谈》等。

三、周叔弢的兄弟子侄

1. 周今觉

周学海有五子七女,五子即明达、明逵、明扬、明栩、明云。周叔弢排行第三。

周明达(一八七八——一九四九),后改名为达,字今觉,号美权,又号梅泉,别署㠇公,以字行于世。周今觉无意科举,却对数学(那时叫算学)极有兴趣。他自己钻研了中国有关算学的所有书籍,从《周髀算经》《九章算术》,直到清代徐有壬、李善兰的著作。他还学习英文,参考西洋的数学著作,与中国古代算法相比较,找出其中的异同。一九〇〇年,周今觉曾在扬州组织过一个数学研究团体——知新算社。后来他又创立中国数学会,任董事。辛亥革命后,他移家上海,当道推举他为国会议员,他婉辞不就。他在沪西买了五亩土地,筑园结庐,广种花木,春秋佳日,邀集诗人词客,煮酒唱和为乐,还时常到龙华寺观桃,去六三园赏樱,至双清别墅探梅,游必有诗。他的诗作得很好,音律严整,曾有《今觉盦诗》四卷。佳句如"灭烛海生残月夜,拥衾人语四更霜"等,可谓意境新奇,词句隽永。

周今觉

到了上海后,周今觉开始经营房地产和外贸生意,文人经营货殖多半失败,他也不例外,当把资本丧失大半后,只好把庭院卖掉,弥补债务,以致居无定所。他还有心情请别人刻了一方"居无庐"的印章,常常钤盖在诗笺上面。后来,经济上略有好转,他又购一宅,称为"还巢小筑",还是经常邀请诗友聚会。如他的一首颇有陶渊明世外情怀的《怀友人诗》:

枝头梅熟将成赭,门外泥深欲平踝。江南五月雨连旬,不打油衣打鸯瓦。

三重阁子凌飘烟,此中犹是羲皇年。寡人南海君北海,一楼各据一帝天。

大梦由来生大觉,梦里何曾断哀乐。可怜世事百回头,不抵绳床一跛脚。

易水萧萧送客归,归来犹及卸春衣。闭门忍饿吾曹事,只恨无山可采薇。

周今觉最为时人所知的恐怕还是他那"邮票大王"的头衔,有人评价他为"影响了中国集邮进程的重要人物,并开创了中国集邮研究的许多领域。他的藏品之丰、邮学论文之巨皆首屈一指"。

周今觉大约于一九二三年开始收集邮票,先后购得西人施开甲、拉伍莱斯、海曼等人收集的大量中国邮票。

周今觉最重要、最珍贵的藏品是中国邮政早期发行的"红印花加盖小字当壹元"新票四连张——是他以二千五百两银子购得。其他还有万寿第二版新票连张全套、蟠龙无水印二元票加盖倒"中华民国"全张,等等;至于"大龙票",他藏有千枚之多。他肯于花重金就是为了将中国的邮票保存在中国人的手里。

说起周今觉收藏邮票,纯属偶然。一九二三年九月间,他的三子周炜良生病,为了帮儿子打发寂寞,他去一家小店买来一包旧邮票,让炜良在床上消磨时光。不料如此一来,父子双双来了兴趣。周炜良的英语家庭教师也是个集邮爱好者,于是向他们传授了许多集邮的知识和方法,使他们了解到集邮不单纯是一种"玩",里面还有着深奥的学问。

不做则已,做就要像个样子,从此周今觉几乎把集邮当作了他的职业。一九二四年,他参与发起改组了"海上邮界联欢会"。一九二五年又成立"中国邮票会",自任会长和出版部主任,并创办会刊《邮乘》。一九二六年七月二十四日,周今觉为了弄清香港于一八八〇年发行的"八分加盖暂作五分使用倒盖变体邮票"存世到底有几张,他特地致函英王乔治五世讨论。乔治五世不料一个中国人竟然有这样的雅趣,对他大加赞赏;遂让他的侍从、著名邮票学家培根代表自己给周今觉回信。为此,一九三〇年,在德国举行的国际邮票展览上面,周今觉被聘为名誉理事。一九三一年,他被接纳为英国皇家邮票会的会士——这在世界上都是一项极为崇高的荣誉。一九三三年维也纳的国际邮票展上,周今觉被聘为理事和陪审员。周今觉说:"吾不为个人事,盖吾会吾国之光荣胥系于此。"

一九三六年美国集邮学会的利希藤斯坦在纽约组织国际邮展,将中国的邮票等级由金牌级降至镀金牌级。被利希藤斯坦聘为邮票评审员的周今觉认为这是"中国全体集邮家皆引以为耻辱"的事情,遂愤而辞去该学会的任何名誉职位。

周今觉还曾受聘担任法国一九三七年国际邮展成员。他随即致函询问:"不知贵国草案中,将华邮列于何种等级?或镀金等级耶?鄙人不能不问明在先。"得知法国并没有将中国邮票降级之后,他才接受邀请。

周今觉不单是集邮者,还潜心研究邮学。他主持出版过多种集邮书刊。他曾在上海《晶报》上面连篇发表《邮话》——可谓中国集邮界的珍贵史料。一九二五年,他主编《邮乘》杂志,大部分的文章都是出自他自己的手笔,以后还编过《邮学月刊》《邮讯》《邮典》等,当然主要作者也是他自己。周今觉的著作尚有《夜读书室随笔》。因为袁世凯的二公子袁克文也有集邮之好,所以与周今觉走得很近。袁克文去世后,周今觉曾在《邮学月刊》上撰文纪念道:"寒云,……初时往还甚疏,后来订交之深,则由邮学之为媒介。"

一九四七年,虽然抗战胜利已经两年,国民党镇江当局却诬赖周今觉通敌——周今觉与郑孝胥是好友,且发表过一些同情清废帝溥仪的言论,可能是他贾祸的原因。为了买个平安,周今觉只好通过中间人把他那视如命根子的"红印花加盖小字当壹元"邮票,以十五根金条的代价售出,送给当局。第二年,周今觉在上海的一次邮展上面,又见到了自己的旧物,旁边一个人不知道他的身份,还夸夸其谈地告诉他,这邮票是如何以三十根金条转手的。周今觉这才明白,那个中间人吞了一半的佣金。经此打击,周今觉彻底看清这个污浊的社会,心灰意冷,不久中风,加之年事已高,于一九四九年二月郁郁而终。

周今觉也时常在报上发表文章、诗作,还不时与人打笔墨官司。他五十岁以后,取钱牧斋"头白周郎掩泪听"之意,刻了一方"头白周郎"的闲章。不久,那个才多德少的梁鸿志忽然作诗,其中有"四海笑余霜满鬓"之句。周今觉觉得他有些大言不惭,便讽刺他道:"鲰生亦有霜盈鬓,未必能令四海知",鲰生意即小人物,大大幽了梁一默。

还有一次,周今觉化名"叚公"在《晶报》上发表文章,有个名叫"笑禅"的向叚公挑眼,周今觉认定笑禅就是袁克文,遂著文指名反击。克文不得不写《告叚公》,向他做一番解释。因周馥和袁世凯是亲家,所以克文不但不恼,反而与之大叙世交戚谊。

周今觉早年曾眷恋一个女子,但事与愿违,二人最终分手。过了三十多年,他忽然在书画摊上发现无款仕女图一帧,竟和那个女子酷肖,便买了回去装裱起来,题为"画中受宠图",还赋诗其上:"怜汝凤漂鸾泊苦,倾囊不惜赎蛾眉。"传为当时的一段佳话。

周今觉的次子周煦良、三子周炜良,周今觉的外孙——其七女周稚芙的儿子唐无忌,以及曾外孙唐承达也都是集邮家。

周今觉原配夫人生有长子震良、次子煦良及两个女儿。后来四个子女因与继室扶正的继母不和,于一九二八年到天津投奔叔父周叔弢。周今觉为此很伤感,曾在一首诗中感叹"南阮偏依北阮居"。周今觉曾为续弦所生的炜良抱不平:"莫笑阿奴恒碌碌,能兴络秀倘关渠"。周炜良不负老父的期许,后在学术界成绩斐然。

周今觉有八个女儿,个个气质非凡,其中三女周叔苹、七女周稚芙更为出色。周叔苹不但长得漂亮,而且经常写文章登诸报端,同时还翻译作品发表在林语堂主编的《西风》杂志上面,在上海中西女中有"中西皇后"之美誉,是当时沪上著名的交际名媛。国民党元老张群曾为她的散文集作序。她翻译的长篇小说《拿破仑与黛丽丝》,则由国民党高官蒋彦士作序——可见其地位之崇。周稚芙嫁给了民国第一任总理唐绍仪的儿子唐明善。

周今觉的女儿,从左至右:周稚芙、周叔苹、周叔衡,前面为周稚琼

周今觉的三女儿周叔苹

周今觉的三女儿周叔苹

周今觉的六女儿周叔蘅

周今觉夫妇、周炜良夫妇及两个女儿

2. 周煦良

周煦良（一九〇五——一九八四）是周今觉的次子，十五岁以前在家读私塾，自小喜欢文学，深谙诗律，后入大同中学，一九二八年毕业于光华大学化学系。再去英国爱丁堡大学文学系留学，一九三二年获文学硕士学位。

出国前，联圣方地山曾赠他一副对联：

此去好行万里路；
说来都是一家人。

随后，觉得意犹未尽，又写一副：

须知肝胆向谁是；
留得金刚不坏身。

四句合起来，正好是一首诗。

周煦良回国后曾先后任教于暨南大学、四川大学、光华大学、武汉大学、华东师范大学。他翻译过大量的外国文学作品，自己也诸多著述。周煦良在一九四九年之后，曾担任民主促进会的负责人，他一向耿直成性，在那个浩劫的年代，曾讥讽"六亿神州尽猢狲"，当局通知他开会，他必问清开多长时间,到时自行离去。在那个年代,没有些胆量,谁敢?

受其父亲影响,周煦良也喜欢集邮。他的目标放在陕甘宁边区的邮品,包括明信片等。二十世纪五十年代,他曾向上海文物管理委员会捐献了两千五百余册外国邮刊。周煦良还有一个喜好,就是收集毛边书。

二十世纪六十年代,周煦良受教育部委托主编高校文科教材《外国文学作品选》。

周煦良的译著有《神秘的宇宙》《普罗郡少年》《水孩子》,以及《福尔赛世家》三部曲小说等;还有《美学三讲》《存在主义是一种人道主义》等学术作品。

3. 周炜良

周炜良(一九一一 — 一九九五),周今觉三子。周今觉是个数学家,周炜良受其影响不浅。周炜良从未进过学校,都是在家里由家庭教师教育,他五岁学习中文,十一岁学习英文,后来利用当时上海学校的英文教材自学各种课程,包括数理化、经济、历史等,打下良好的英文基础。

一九二四年,他到美国读书,先后在肯塔基的阿斯伯里学院、肯塔基大学学习,那时他的兴趣在政治经济。一九二九年入芝加哥大学,仍主修经济学。一九三一年夏天,一位在芝加哥大学得到博士学位再去普林斯顿工作的中国数学家,劝他去普林斯顿大学,或是德国哥廷根大学——当时的世界数学中心——去学习。一九三二年十月,周炜良去了哥廷根——可是德语尚未补习好,希特勒上台,使他的哥廷根之旅辉煌不再。

一九三三年,周炜良转到莱比锡大学,师从范德瓦尔登学习代数几何。次年他到汉堡度假时遇到维克特小姐,二人坠入爱河,并留在汉堡大学学习。一九三六年,周炜良返回莱比锡完成博士论文,并与维克特小姐完婚,著名数学家陈省身参加了他的婚礼。

一九三六年,周炜良回国,在南京中央大学任教。次年,抗战爆发,他不得不滞留沪上,他的犹太人岳父母也来到上海,周炜良只好努力挣钱来养家糊口。抗战胜利后,周炜良本打算做进出口贸易。这时陈省身来到上海,力劝周炜良出国继续他的数学研究。已经脱离本行十年的周炜良终于决定重操旧业。一九四七年,他回到普林斯顿,在代数几何方面取得了非常漂亮的成绩。

一九五〇年,战后首届国际数学大会在美国召开,周炜良作为该校代表出席大会。一九五五年起,他在普林斯顿大学任数学系主任达十一年。一九七七年周炜良退休。他不善交际,淡泊名利,不爱抛头露面,很少参加会议,使得人们不大了解他,所以他虽然曾任美国数学学会会长,却没有成为美国科学院院士。他是台湾"中央研究院"院士,但从未出席过该院的会议。著名数学家陈省身不平地说:"这是该院的损失,也是其数学组的无知。"

周炜良和他的德国籍太太

4. 周叔弢的其他兄弟

周叔弢次兄明逵,后改名迳,字仲衡。留学美国,从事医学,是著名的外科大夫。曾任协和医院外科主任。

四弟明栩(一八九三——一九三七),后改名进,字季木,是个颇有成就的收藏家。少年时代起,他就对碑帖收藏发生了浓厚的兴趣,逐渐地他不满足于此。一九一五年冬,他从一位姚姓收藏家手中购得五件刻石,其中一件乃是汉代有名的刻石,这勾起他极大的收藏欲望。之后两年,他花费巨资购得汉杨叔恭、魏曹真碑、食斋祠园刻石等十余种史上有名的碑刻。他收集的汉、魏、晋石刻及拓片超过所有的人。随着藏品的丰富,他的眼界也随之提高,成为小有名气的鉴定专家,自己定下收藏碑刻以晋代为下限,自定堂名为"居真草堂"。那时候附近省份凡有碑刻出土都请他鉴定,或是别人送上门来,或是他亲赴其地,只要是精品,从不吝啬价钱。

周季木在京津一带颇有名声。他还长于簿录之学,曾校注过多种宋版图书。他"居真草堂"所藏的金石盈架累屋,方地山形容他的收藏说:

> 所得汉碑堪作屋;
> 要收秦印比封泥。

后来,他把全部收藏都捐献给了北京故宫博物院。只可惜他英年早逝,一九三七年去世时年仅四十四岁。

五弟明云,改名为云,从事金融业。

周叔弢的五弟周云结婚时的留影

四、周一良的弟妹们

周珏良,毕业于清华大学外语系,获美国芝加哥大学硕士,主修英美文学,回国后任北京外语学院英语系教授,曾担任外交部翻译室副主任。他的中文根底也极好,擅长书法。

周艮良,唐山交大一年级肄业,抗战爆发,赴滇缅公路工作,后任天津市建筑设计院副院长。

周杲良,燕京大学毕业后到中研院心理研究所工作,一九四六年赴美留学,在哈佛大学毕业后留校工作,后成为斯坦福大学神经学教授,喜欢文学、美术、音乐、书法等。

周珣良,她在辅仁大学读书时认识了共产党的地下党员宁志远(其公开身份是北京西城区警察局局长),所以很早便参加了革命。抗战胜利后,周珣良与宁致远结婚。周叔弢不愿意与国民党打交道(宁志远表面上是国民党员),而且宁志远是东北人,周叔弢怕他在老家有童养媳,所以对这门亲事不是很赞同。宁志远后任铁道部教育局的处长。

周以良,清华大学生物系毕业,著名植被及植物分类学专家,东北林业大学教授。

周与良(一九二三 — 二〇〇二),一九四六年和查良铮相识于清华大学,一九四九年两人在美国结婚。一九五二年,她在芝加哥大学获得植物学博士学位后,于一九五三年初毅然和查良铮一起回国,希望以自己所学报效祖国。她任教于南开大学生物系,其丈夫查良铮(笔名穆旦)到南开大学外语系工作。由于受丈夫的株连,周与良美国留学的经历在"文革"中被诬陷为"美国特务"。

周耦良,中学英语教师,她的丈夫丁用洪是北京建筑设计院的工程师,在一九五七年因说了一句"有些党员就像上供的点心,只摆样子不起作用",被划入"右派"。在周家十兄妹中,六个共产党员,两个民主党派成员——也是共产党的朋友,在如此气氛下,即使别人不说什么,像查良铮、丁用洪这样的"身份",也只好是"黄花鱼——溜边儿"了。幸好那个年代终于结束,"亲不亲,阶级分"的怪事也不会再有了。

周治良,天津工商学院毕业,北京建筑设计院副院长,首都体育馆的主要设计者。

周景良,清华大学哲学系、北京大学物理系毕业,学习晶体物理,任中科院地质研究所研究员。他业余爱好版本目录学、金石书画,有乃父之风。

五、穆旦——查良铮

1. 坎坷一生

查良铮(一九一八 — 一九七七),著名诗人、翻译家。出身自浙江海宁查氏。据说海宁查氏出于楚国芈姓公族,因始封于查邑而得姓。元至正十七年(一三五七)迁居海宁。自第三世开始,分为南、北、小三支。明清以来一直是"文宦之家",名登两榜的比比皆是。海宁查家出过查约、查秉彝、查继佐、查慎行、查嗣庭等名家。近代更是有查良钊、查良鉴、查良铮、查良镛等名声显赫的文化名人。查氏移居天津的有一支后来经营盐业,成了巨富,人称"阔查"。

查良铮所属的查氏一支于清末移居到直隶天津,但习惯上仍称为"南支"。查良铮出生时已经家道中落,生活十分拮据。在父母的熏陶和影响下,查良铮从小读书刻苦,且表现出超凡的早慧。在小学三年级时,他的一篇作文就登载在当地的报纸之上。

一九二九年,日本侵华日甚一日,在南开中学读书的查良铮写下《哀国难》一诗:

> 眼看着祖先们的血汗化成轻烟,
> 铁鸟击碎了故去英雄们的笑脸,
> 眼看四十年的光辉一旦塌沉,
> 铁蹄更翻起敌人的凶焰。

查良铮从小具有强烈的爱国意识。当社会上发起"抵制日货"时,他告诉母亲不要买海带、海蜇皮等物,因为这些海产品大多是从日本进口的。要是已经买了,他就一口也不吃,甚至丢掉。

十七岁时,他同时报考三所国内知名大学,都被高分录取,他选择了清华大学,先是在地质系,半年后转入外文系——从此与英美文学结下不解之缘。他继续创作诗歌,并曾在《清华学刊》上发表。他写的浪漫派诗歌,既有抒情的气质,又有强烈的现实感。但不久抗战爆发,学校转入大后方,他先是在湖南衡山上了几个月的课,又辗转到长沙,最后跟随数百人组成的步行团徒步到云南昆明。一路上,他利用休息时间,背诵《英汉字典》,背熟一页后就将这一页撕下来丢掉。这样背着撕着,到达昆明时一本厚厚的字典已经被他撕光——一时间他成了一个小圈子里的名人。

那时,他已经创作了大量优秀的诗歌,在香港《大公报》上以穆旦的笔名发表——他将查字上下拆开,上面的木谐音为穆,下面为旦;金庸的笔名也有异曲同工之妙。他当时的代表诗作有《防空洞里的抒情诗》《从空虚到充实》《赞美》等。其中最有名的《赞美》发表于抗战最烈的一九四一年:

走不尽的山峦和起伏,河流和草原,
数不尽的密密的村庄,鸡鸣和狗吠,
接连在原是荒凉的亚洲的土地上,
在野草的茫茫中呼啸着干燥的风,
在低压的暗云下唱着单调的东流的水,
在忧郁的森林里有无数埋藏的年代。
它们静静地和我拥抱:
说不尽的故事是说不尽的灾难,沉默的
是爱情,是在天空飞翔的鹰群,
是干枯的眼睛期待着泉涌的热泪,
当不移的灰色的行列在遥远的天际爬行;
我有太多的话语,太悠久的感情,
我要以荒凉的沙漠,坎坷的小路,骡子车,
我要以槽子船,漫山的野花,阴雨的天气,
我要以一切拥抱你,你,
我到处看见的人民呵,
在耻辱里生活的人民,佝偻的人民,
我要以带血的手和你们一一拥抱。
因为一个民族已经起来。

一个农夫,他粗糙的身躯移动在田野中,
他是一个女人的孩子,许多孩子的父亲,
多少朝代在他的身边升起又降落了,
而把希望和失望压在他身上,

而他永远无言地跟在犁后旋转,
翻起同样的泥土融解过他祖先的,
是同样的受难的形象凝固在路旁。
在大路上多少次愉快的歌声流过去了,
多少次跟来的是临到他的忧患;
在大路上人们演说,叫嚣,欢快,
然而他没有,他只放下了古代的锄头,
再一次相信名词,融进了大众的爱,
坚定地,他看着自己溶进死亡里,
而这样的路是无限的悠长的
而他是不能够流泪的,
他没有流泪,因为一个民族已经起来。

在群山的包围里,在蔚蓝的天空下,
在春天和秋天经过他家园的时候,
在幽深的谷里隐着最含蓄的悲哀:
一个老妇期待着孩子,许多孩子期待着
饥饿,而又在饥饿里忍耐,
在路旁仍是那聚集着黑暗的茅屋,
一样的是不可知的恐惧,一样的是
大自然中那侵蚀着生活的泥土,
而他走去了从不回头诅咒。
为了他我要拥抱每一个人,
为了他我失去了拥抱的安慰,
因为他,我们是不能给以幸福的,
痛哭吧,让我们在他的身上痛哭吧,
因为一个民族已经起来。

一样的是这悠久的年代的风,

一样的是从这倾圮的屋檐下散开的无尽的呻吟和寒冷,
它歌唱在一片枯槁的树顶上,
它吹过了荒芜的沼泽,芦苇和虫鸣,
一样的是这飞过的乌鸦的声音。
当我走过,站在路上踟蹰,
我踟蹰着为了多年耻辱的历史
仍在这广大的山河中等待,
等待着,我们无言的痛苦是太多了,
然而一个民族已经起来,
然而一个民族已经起来。

穆旦在诗中为时代的苦难而感叹的同时,也看到了人民的奋起抗争,看到了民族的希望。

他还与曹辛之、辛笛、陈敬容、郑敏、唐沂、唐湜、杜运燮、袁可嘉等人组成一个小小的"九叶"诗派。穆旦充满智慧的诗句在当时的青年中具有强烈的感染力,例如,他在一首描写爱情的诗篇中写道:

你底眼睛看见这一场火灾
你看不见我,虽然我为你点燃
唉,那燃烧着的不过是成熟的年代
你底,我底。我们相隔如重山!

据说,这一首小诗曾经感动了那一代的青年。

查良铮的父亲查厚垿(一八九一——一九七七)

查良铮的母亲李玉书(一八九二——一九七四)

查良铮出生在天津西北角恒德里

少年查良铮

一九四〇年，查良铮毕业于"西南联大"，并留校当助教，负责大一的英文课。一九四二年，为了配合英美联军对日寇作战，他放弃了安稳的教职，参加了"中国入缅远征军"，在杜聿明的第五军司令部担任中校随军翻译。杜聿明是个雅人，他的司令部里面总有一些文人徜徉其中，戎马倥偬之余，谈谈文学，聊聊风月。就这样，查良铮与杜聿明成了朋友。同年五月至九月，查良铮亲历了震惊中外的野人山战役。因战事失利，部队撤退时，他在野人山的原始森林中迷路，与战友失去联系。他在原始森林中罹患疟疾,受尽病痛、饥饿的折磨,历经千辛万苦,在崇山峻岭中摸索了五个多月,摸索到了印度。一九四五年九月,查良铮根据这段经历,创作了诗歌史上辉煌的诗篇《森林之魅——祭胡康河上的白骨》,还有《阻滞的路》《活下去》等。

不料,这段原本光荣的历史,后来却颠倒黑白地被诬为"历史反革命"——可悲的是,那些冲他挥舞拳头的人就是当初他要为之献身的同胞。

一九四五年抗战胜利后,杜聿明出任"东北剿总司令",不易找到工作的查良铮投奔杜聿明。他接受委派到沈阳担任《新报》的总编。受民主思想影响,他在报纸中宣扬自由民主,暴露国民党政府的腐败,导致一九四七年报纸被查封。他又到"联合国粮农组织办事处"工作。一九四八年,查良铮随办事处撤离到泰国。一九四九年,查良铮自费赴美国芝加哥大学,学习英国文学,同年和正在佛罗里达大学生物系学习的周与良结婚。

那时,没有背景的留学生谋生不易,查良铮也是到处打工,去邮局顶夜班以维持生计。查良铮是拥护共产党的,他认为既然苏联是中共的老大哥,他就应该学习俄文。于是他花费大量时间学习俄文,还翻译了一些俄文作品,反倒把他的主业"英美文学"丢下了。

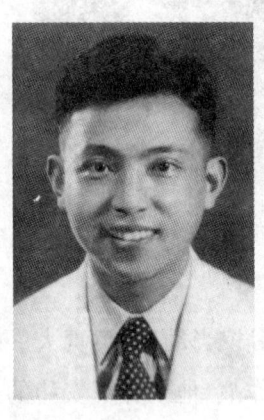

诗人穆旦

一九三四年,穆旦在天津法国花园

一九三八年春,穆旦随西南联大步行团抵达云南昆明后的留影

一九三八年底,西南联大文艺社的同学游览昆明海源寺,右三为穆旦

一九四五年抗战胜利后的穆旦

一九四七年,穆旦与堂兄弟们合影,左起:良锐、良铭、良钊、良钟、良铮

 一九四九年,查良铮和周珏良在美国旧金山

 查良铮和周与良的结婚照

 一九五〇年,查良铮夫妇与抗战将领罗又伦夫妇在芝加哥

 一九五一年,查良铮夫妇与朋友在芝加哥大学

一九五二年,周与良获芝加哥大学植物学博士学位

查良铮夫妇冲破重重阻力,于一九五三年一月回到祖国,这是朋友们一九五二年十二月在芝加哥车站欢送他们时的情景

一九五三年一月,查良铮、周与良夫妇冲破美国政府的阻挠,回到他们魂牵梦萦的祖国。由他的芝加哥大学同学、燕京出身的巫宁坤介绍,来到南开大学外文系任教。查良铮到南开的当年就翻译了苏联季莫维耶夫的《文学概论》,并由巴金主持的"平明出版社"出版。此书文笔优美,深受读者欢迎,发行量很大,成为高校教材和教学参考书。

外文系的系主任是李霁野(一九○四 — 一九九七),他没出过国,自学英语,曾经参加"未名社",与鲁迅扯上一点儿关系。他唯一值得提起的是翻译了小说《简·爱》。他后来曾到处吹嘘说是在鲁迅推荐下，《简·爱》才得以出版；其实鲁迅死后的一九三六年他写过一篇文章，其中说到翻译《简·爱》时，根本没有告诉鲁迅。李霁野业务水平并不是很高，见到几位海外归来的年轻学生，个个年轻气盛，风度翩翩，业务熟练，发音纯正，心里很不是滋味，这就埋下日后双方反目的隐患。

查良铮正直坦率，古道热肠，他为了挽留一位从南开初创时就在外文系任教的老教授陈逵（一九〇二——一九九〇），发起召开过一次座谈会。想不到，这却成了莫须有的罪名。上面指责他的做法是"小集团"，是严重的"错误"。

穆旦在南开大学的住所，即左边第二排的平房

一九五三年——一九五八年，穆旦发表的作品

一九五四年暑假时，他和外文系教师陈逵、巫宁坤、周基堃、张镜潭、张万里等六人，因对系主任李霁野独断专行不民主的工作作风有意见，另

外也对其业务水平有些不以为然,故产生对立情绪,最后发展到在全校学习总路线会议上爆发出来。当时是巫宁坤等人先在会上发言,查良铮也准备发言,却被会议组织者粗暴地制止了,查良铮愤而退出会场。在场有人批评会议主持人道:"要让人家把话讲完嘛!"这使李霁野勃然大怒。当时正值批判《红楼梦》研究中的错误观点等运动,学校领导从"阶级斗争"观点出发,定性外文系六位教师为"反党小集团",称这次事件为"外文系事件"。其实,那时李霁野并非共产党员,只不过是个申请入党的积极分子,但因为他当初和鲁迅有过那么一点儿关系,在文艺界有一定名望,而且当时还兼任着天津市文化局局长,遂导致了反李霁野就是反党的荒谬逻辑。暑假中,学校组织群众对"六人小集团"中的三四名教师进行批判。几位教师被调离了教学岗位,陈逵、张万里、巫宁坤调到北京(巫宁坤后来去了安徽大学),周基堃调到历史系,张镜潭调到中文系,查良铮被放在图书馆去编目、翻译资料,一个业务力量很强的外文系竟被肢解而停办了。

巫宁坤的遭遇与查良铮大致相似。他在西南联大外文系学习时,适逢"珍珠港事件",他投笔从戎,为美国援华的"飞虎队"担任翻译;之后赴美,先后在印第安纳州曼彻斯特学院、芝加哥大学读书,一九五一年应燕京大学校长陆志韦之邀,回国任教。临行前,李政道为他送别,巫问李为何不回国,李答以"怕被洗脑"。不久院系调整,巫宁坤调到南开大学。巫先生经历了当时的知识分子思想改造运动,受到批判,说他思想落后、狂妄自大、个人英雄主义等。一九五五年的"肃反"运动中,外文系主任李霁野宣布巫宁坤不但是南开大学头号的"暗藏反革命分子",而且是一个"反革命集团"的头目。公安局的人竟然以此为由搜查了他的家。一九五六年,知识分子政策稍微松动,六月,巫宁坤调往北京的一个干部学校(北京国际关系学院的前身)。但是,一九五七年巫宁坤还是没有逃过"反右"这一关,当上了"右派"。他于一九五八年入狱,后先后转往兴凯湖农场、河北清河农场劳教。一九六一年,巫宁坤获得保外就医,次年,被安徽大学外语系聘为临时工,重登讲台,一九六四年摘掉"右派"帽子。但好景不长,一九六五年,"阶级斗争"的风越刮越紧,巫宁坤又成了靶子。"文革"中，巫宁坤自然不能逃过一场劫难，被下放农村插队。直到一九七四年，巫宁坤才被芜湖的安顺大学聘去当教师。一九八〇年，巫宁坤一家回到北京。他见到回国访问的李政道，二人相见甚欢，巫宁坤不禁遐想——若是当初我送李政道回国，将是什么结果？后来巫宁坤将自己的一生经历，写成《一滴泪》，用了三句话总结自己一生："我归来，我逢难，我幸存。"

再说南开大学外文系解散是件大事，人们对这一重大事件中的许多具体细节不得其详，李霁野对此也讳莫如深，当然更谈不上什么反思与忏悔。

一九五五年的"肃反"运动也没有"忘记"查良铮，他参加抗日的那段掷地有声的光荣历史被颠倒了过来，因为他参加的是在国民党政府领导下的抗战，不但无功，反而有罪。结果以"伪军官"的身份，受到反复的审查。直到一九五六年十月，实在查不出他有什么"罪行"，才以"一般历史问题"作为了结。

一九五七年党中央号召大鸣大放，给党提意见，查良铮应《人民日报》副刊主编袁水拍之请，写了一首《九十九家鸣放记》的诗篇，其主题是讽刺那些对整风学习漠不关心的现象，不料动辄得咎的查良铮之一片好心反而给自己制造了"罪证"。很快，反右运动一起，他的诗篇成了"向党进攻"的证据，受到批判。还好，他没有被划成"右派"。但是正如俗话所说"躲得过初一，躲不过十五"，查良铮的厄运终于到来。

从一九五八年"大跃进"开始，各行各业都大放"卫星"，一会儿，天津东郊新立村放了一颗"亩产水稻十二万斤"的卫星，一会儿，某个大学里又放出一颗"某系学生只用几个月编写了一部教材"的卫星等——天天敲锣打鼓，口号震天响，卫星满天飞。一九五九年一月，南开大学也放了一颗莫名其妙的卫星，那就是天津市中级人民法院到校宣布"查良铮为历史反革命"——完全是对他那段光荣抗日经历的彻底歪曲——判处接受机关管制，监督劳动三年。当时，学校里面的"历史反革命"大都内部控制掌握，查良铮是少有的几个被公开宣判者之一。本来早已结论的事情，何以会旧事重提？这其中有没有人暗地里鼓捣？事无可征，只有当事人知道,看来只好让每个人的良心去作审判了。查良铮这时从图书编目再降一级而被监督劳动,打扫图书馆卫生,清扫厕所、洗澡堂。"庶人无罪,怀璧其罪","皎皎者易污"——只要看看查良铮回国这几年的著述,就知道为什么有些人欲置他于死地了。

一九五三年:《文学概论》、《怎样分析文学作品》(翻译苏联季莫维耶夫的作品)

一九五四年:《文学发展过程》(翻译苏联季莫维耶夫的作品)、《波尔塔瓦》、《青铜骑士》、《高加索的俘虏》、《叶甫根尼·奥涅金》、《普希金抒情诗选》(翻译普希金作品)

一九五五年:《拜伦抒情诗选》、《加甫利颂》(翻译普希金作品)、《文学原理》(翻译苏联季莫维耶夫的作品)

一九五七年:《普希金抒情诗二集》(翻译普希金作品)、《布莱克诗选》(与袁可嘉等合译)

一九五八年:《济慈诗选》《云雀》《雪莱抒情诗选》(翻译雪莱作品)、《别林斯基论文学》

查良铮的朋友杨苡(杨绛之妹)曾对萧珊(巴金夫人)说,我们要保护他(查),不要忙着为他出版书,以免遭人忌恨,引起麻烦——此话不幸言中。杨和萧都是查在西南联大的学生。

一九五七年查良铮一家

一九六〇年,查良铮和他的姐姐查良铮,前左一是良铮的儿子白兴圣,前中是查良铮的女儿查媛,右边是查良铮的长子查英传

一九六四年,查良铮和母亲在北海公园

一九六五年,查良铮一家,前排右起:英传、明传、查平、查媛

一九七二年的查良铮夫妇

一九七三年,查良铮、周与良夫妇和周叔弢、左道腴夫妇;周叔弢、左道腴夫妇二人面色凝重,反映了那个不正常年代人们心中的压力

俗话说"同行是冤家",至哉斯言。穆旦所以遭到忌恨,只有从那些诗人或翻译家里面去寻找原因了。大概是嫉妒的怒火把某些人烧烤得整天坐立不安,既然在学术上拼不过他,莫若使他永远不能再发表作品——最快捷而便当的方法就是陷人以"莫须有"之罪。当时的大气候帮了他们的忙,那个时代最时兴的就是——"阶级斗争""政治陷害"。

查良铮在"文革"中的遭遇自不待言,整天监督劳动,写"交代材料",苦不堪言。但是,穆旦仍是穆旦,在最黑暗的年代,他仍没有忘记他的理想和他的诗歌。一九七五年,他在给别人的信中写道:"我至今仍旧认为,人是只能或为理想而活着,或为物质享受而活着。享受到手,可能淡而无味;只有理想使生活兴致勃勃。"

为理想生活的付出只有当事者自己知道了。查良铮不但在学校受到不公平的待遇,周一良的某些兄弟姊妹们对他也"另眼看待"。查良铮的崩溃起因于一九七六年一月,他为了使"上山下乡"的儿子能够"招工"回到天津,晚上出去打听消息。那时虽然有路灯之设,却时不亮而常关,于是他在伸手不见五指的马路上摔了一跤,右腿受伤,痛得不能动弹。到医院检查证实是骨折,医生却告诉他回去休养,即可不治自愈。过了十个月再去检查,医生发现骨头在愈合过程中发生了偏差——长歪了,需要手术。可是当时正是天灾人祸一起来,四人帮在台上瞎折腾不算,偏偏又赶上了大地震,只好等待医院有了空床位再说。查良铮是个事业心极强的人,他不愿意浪费自己的生命,在这期间,也几乎利用每一分钟进行他钟爱的翻译工作,过度地透支了自己的能量,终于因为心脏病突发过早地离开他的亲人和为之献身的事业——至死,那顶紧箍也没有脱下。一代才子带着"历史反革命"的帽子,在落寞中逝于一九七八年二月二十六日。

在《尽头》一诗中,他道出内心的独白:

而如今突然面对坟墓,
我冷眼向过去稍稍四顾,
只见它曲折灌溉的悲喜,
都消失在一片亘古的荒漠。
这才知道我全部努力不过完成了普通生活。

在《冥想》一诗中,他写道:

为什么万物之灵的我们,
遭遇还比不上一棵小树?
今天你摇摇它,优越地微笑,
明天就化为根下的泥土。
为什么由手写出的这些字,
竟比这只手更长久,健壮?

它们会把腐烂的手抛开，
而默默生存在一张破纸上。
因此,我傲然生活了几十年，
仿佛曾做着万物的导演，
实则在它们长久的秩序下
我只当一会小小的演员。

把生命的突泉捧在我手里，
我只觉得它来得新鲜，
是浓烈的酒,清新的泡沫
注入我的奔波、劳作、冒险。
仿佛前人从未经临的园地
就要展现在我的面前。
但如今,突然面对着坟墓，
我冷眼向过去稍稍回顾，
只见它曲折灌溉的悲喜
都消失在一片亘古的荒漠，
这才知道我的全部努力
不过完成了普通的生活。

一九七六年五月

  穆旦在诗中对自己一生的遭遇进行回想与反思,有一种历尽沧桑之后的彻悟。穆旦被主流社会所排斥、所漠视、所遗忘。在他所挚爱、为之奋斗的祖国怀抱里,却受到如此冷漠的对待。穆旦似乎在思考这所有的一切到底是为了什么。

  直至一九八一年十二月,美籍物理学家李政道访问中国,提出要会见他在美国时的同学周与良。但是,如果查良铮头上仍戴着"历史反革命"的帽子,周与良以反革命家属的身份何以面对老同学?为查良铮平反、恢复名誉的事情自然提到桌面上来。当时,仍然健在的李霁野还是校、系领导,头上还有市政协副主席、市文联副主席、市作协副主席等一堆唬人的头衔。他坚持要维持对查良铮的原判,不予平反。垂垂老矣的李霁野大概是秉承乃师"一个都不宽恕"的理念,对于当初置人于死地和置人一家于困境的做法,没有丝毫的悔意。可能是上峰的干预,才使校方决定于一九八一年十一月二十七日,为查良铮举行追悼会,推翻当初的错误判决,摘掉那戴了二十三年的堂皇"冠冕"。

近年来,穆旦的成就又被人们重新重视。他的新诗被誉为"四十年代中国现代诗派的探险者,五六十年代英、美、俄浪漫派的集大成者",他也被称为"最能代表二十世纪下半叶中国诗歌精神的经典性人物"。一九九六年中国文学出版社重刊了《穆旦诗全集》。

下面一首诗是穆旦去世前不久写就的《停电之后》,人们可以猜想诗人那颗无奈的心:

> 太阳最好,但是它西沉了,
> 拧开电灯,工作照常进行。
> 我们还以为从此驱走黑夜,
> 暗暗感谢我们的文明。
> 可是突然,黑暗击败一切,
> 美好的世界从此消失无踪。
> 但我点起小小的蜡烛,
> 把我的室内又照得通明。
> 继续工作也毫不气馁,
> 只是对太阳加倍的憧憬。
>
> 次日睁开眼,白日更辉煌,
> 小小的蜡台还摆在桌上。
> 我细看它,不但耗尽了油,
> 而且残留的泪挂在两旁。
> 这时我才想起,原来一夜间,

有许多阵风都要它抵挡。
于是我感激地把它拿开,
默念这可敬的小小坟场。

一九七六年十月

一九七三年,查良铮在天津

一九八五年,查良铮骨灰安葬在北京万安公墓,后排右一为查英传,右二为周与良;前排右一是查瑗,右二是查平

当初,在南开大学和查良铮一起遭遇厄运,后移居美国的巫宁坤曾写诗纪念老友:

廿年生死两茫茫,遗篇泣血自难忘。
流星繁花原是梦,迷人理想更荒唐。
万里跋涉寻好梦,半世苦辛入膏肓。
羁旅悲君亦自悲,智慧树下独彷徨。

周与良在丈夫去世后的日子里,除了独自担负起扶养四个孩子的责任之外,还奔走为丈夫平反、出版遗著。可以慰告丈夫在天之灵的是,这些事情总算都完成了。二〇〇一年五月一日,周与良在美国探亲的旅程中,了无遗憾地安然逝去——使她欣慰的是四个孩子都学业有成,在美国安家立户,又回到了他们夫妇当初的起点。

2. 玩味穆旦的诗

当然,穆旦不能脱离他的时代,也无法不面对那个严酷的非正常年代,他时而也要加入当时口号诗、教条诗的大合唱。例如发表于一九五七年的几首诗,只看一下这些标题,即可知其内容了:《美国怎样教育下一代》《感恩节——可耻的债》等。他写道:

感谢上帝——贪婪的美国商人!
感谢上帝——腐臭的资产阶级!

感谢上帝? 你们愚蠢的东西!
感谢上帝? 原来是恶毒的诡计。

联系到穆旦在一九五四年所受到的创痛,他在一九五七年发表这样的诗,其表态、靠拢的意义也就不言自明了。不过,在那短暂几个月的宽松的氛围中,穆旦作为体制外的诗人还是写出了一些有特点的作品,如《问》《我的叔父死了》《去学习会》《三门峡工程有感》《九十九家争鸣记》等。

《问》这首诗写出了某种写作的困境:在"夜莺"离开,不能再抒写生活的悲哀之后,如何面对"原野的风"写"空中的笑声"?——这隐约透露了自己是否能承受"颂歌式"写作模式的怀疑。有意思的是诗中把"生活"人格化为强大的"你",写作的人被暗喻为被握的"笔"——生活呵,你握紧我这支笔。结尾以反讽的手法——唉,叫我这只尖细的笔,怎样聚敛起空中的笑声?——质疑了"生活""我""笔"之间的关系,这几乎可以看作是对"创作反映生活""作家是政治的工具"等观念的暗中消解。

《我的叔父死了》是一首在一定程度上恢复了作者过去的风格隐晦、具有含混性释义的诗。他由叔父死了以后自己既不敢哭也不敢笑的尴尬状态,表示了对那时时兴"自我检查"的反讽。接着,迅速闪到孩提时代"过去的荒凉"和抑制眼泪的"希望",诗的最后一节写道:

> 平衡把我变成了一棵树,
> 它的枝叶缓缓伸向春天,
> 从幽暗的根上升的汁液,
> 在明亮的叶片不断回旋。

从某种意义可以理解为一个从旧时代过来的知识分子渴望平衡"过去"与"希望",在"幽暗的根"和"明亮的叶片"之间保持一个有机体的完整性的愿望。这曲折地传达出对"知识分子改造"主题的隐秘的质疑。

《九十九家争鸣记》是一个"中国盒子"式的镶嵌文本,其主要部分是一段关于学术争鸣会议的讽刺性叙事,具有明显的现实针对性。"争鸣"也还有一个话语权的问题。在当时,"不满领导"的话被视为"人身攻击"和"立场问题","毫无见解"的话、"应声虫"和"假积极"则成了争鸣的主角。而"我"则分裂为一个见证人的身份和一个"随大流"者的身份,前者不动声色地一层层剥开"争鸣"的实质,后者违心地以赞叹的发言完成了一轮"争鸣"的恶性循环。等看完这首诗的附记,才发现作者把发表也看作一个放大了的争鸣会,而这首诗本身则和叙事部分的"我"一样,是"百家"之中一个既有良知又不得不缄默的"不鸣的小卒"。通过这种"镶嵌"方式,对"争鸣"的怀疑由一个具体的场景上升到普遍的言论出版情况,已超出对个别现象的讽刺而指向更深入的反思。显然,这是对一九五四年那场灾难的复述。

从对一九五七年穆旦发表的作品的分析中我们不难看出,虽然这些诗里包含了一些"委曲求全"的策略,但对当时盛行的语体风格、形式技巧的某种"偏移",以及内容上或隐或明的对知识分子改造、思想控制、体制弊端等的质疑和诘问,仍使穆旦的写作在当时具有相当的独立性甚至是挑战性。

一九五七年的"反右"运动导致了左翼内部话语权力的再分配,"主流"之中主动接纳异质因素的那一部分本身也成为异质,因此其在"百花时期"吸收进来的一些"陌生"的名字必然要遭到"清算"。在"清算"过程中,穆旦比起其他人来还算不上斗争的焦点,但也受到了足够的"重视"。针对穆旦一九五七年诗歌的批评,集中出现在这年的九月之后。一九五七年九月号的《诗刊》上刊登了黎之(那时大部分的批判文章都是用这种"张龙""赵虎"之类的假名)的《反对诗歌创作的不良倾向及反党逆流》,该文认为一九五七年左右"诗歌创作出现了一些不良的倾向以至毒草",并把穆旦作为其中的一个重点"案例"来批驳。黎之认为穆旦的诗"流露了比较严重的灰暗情绪,而这种情绪又表现得那样晦涩费解。"他从《问》中读到"哀鸣",从《葬歌》中读到"一个没有改造的知识分子对知识分子改造的诬蔑",更从《九十九家争鸣记》中读到"歪曲甚至污蔑现实生活、攻击新的社会",是非常"危险"的。黎之的"解读"简化了穆旦诗中把真诚和谨慎的质疑糅杂为一体的复杂情绪,把它简单地处理为"不健康情绪",这完全是"反右斗争"的实用修辞术。

一九五七年十月《人民文学》中刊发的该刊编辑部整理的"这是什么样的'英雄'——读者对本刊七月号的批评"这一栏目中提到,"此外,还有一些读者指出,本期诗歌栏中也有一些不大好的诗,特别是穆旦的《诗七首》中,有的'不知所云'"。这里的"读者"在某种意义上就是掌握着"反右"话语权的编辑部本身,这是一种当代文学中独特的构造不被具体分析的、匿名的"读者"强化权威机构的批评劲势的文学现象。同样在形式上指责穆旦"不知所云"（在强调为"工农兵"服务的规范中，"不知所云"就是脱离"人民"，自绝于"群众"）的批评还见于《诗刊》一九五七年十二月号安旗（又是一个假名）的《关于诗的含蓄》一文，他认为穆旦当年发表的作品"相当的晦涩难懂"，并举出《我的叔父死了》之中的最后一节，指责它是"观念和文字的游戏"，这种风格"是从现代主义的泥淖里捞起来的"（在当时，资产阶级"没落"的现代主义无疑是社会主义文艺不共戴天的死敌）。安旗在文中区分了"真正的含蓄"和穆旦、吴兴华等人的"朦胧晦涩，故弄玄虚"，指出这"不仅是技巧问题"，更是一个能不能掌握社会主义生活的政治问题，因而对"晦涩"的诘难就由形式的层面提升到意识形态层面的"上纲上线"，得出穆旦的诗是"资产阶级文艺趣味的复活，是百花园中的莠草"的结论。发在一九五七年十二月二十五日《人民日报》第八版的戴伯健《一首歪曲"百家争鸣"的诗——对"九十九家争鸣记"的批评》一文在措辞上更为严厉，戴伯健把这首诗定性为"对党的'百家争鸣，百花齐放'的方针和整风运动的不信任和不满"，认为穆旦丑化、歪曲了"争鸣"的"现实"，并巧妙地暗示"'九十九家争鸣记'发表的时候，正是右派分子在鸣放的幌子下向党大肆进攻的时候，这就不能不令人怀疑作者的真实动机了"。在这里"现实""真实"等概念是可以根据需要命名和"分派"的：穆旦描绘的不是"现实"，而他"反党"的动机是"真实"的。

一九五八年四月号的《诗刊》刊发了文艺领导者致意邵荃麟的一篇重要文章《门外谈诗》，主要讨论的是在诗歌中推行"两结合"，动用群众的力量"开一代诗风"的问题。文中用"人民大众的进步的诗风"和"资产阶级反动的诗风"的二元对立模式重新梳理新诗史，在其中连"七月派"（由胡风领导的抗日文艺团体，主要成员为艾青、田间、阿垅、路翎等人）都是"反动诗风"，"九叶"诗人们更是连被提及的"殊荣"都没有。在文章的"普及与提高问题"这一章中，穆旦的诗被用来做违背"普及与提高的对立同意"的反面例证：《我的叔父死了》的最后一章被认为"不但工农群众听不懂，就是知识分子听了也要皱眉"；《"也许"和"一定"》就"不仅是语言问题,更明显是思想意识的问题了",这种"断章取义"的解读把穆旦的诗肢解为可利用的零星的靶子,而穆旦本人的名字除了在诗歌引文出处中以小字出现之外,甚至还不能进入到文章的论述语言之中。值得注意的是穆旦发表在《人民日报》一九五八年一月四日第八版上的《我上了一课》——迫于各方面的压力而不得不出来表示悔悟的"认错"文章——穆旦虽然承认在《九十九家争鸣记》中"对很多反面细节只有轻松的诙谐而无批判",这构成了"致命伤",但整篇文章似乎主要是在探讨讽刺诗该怎么写,夸张、虚构与现实的关系该这样处理等艺术构思方面的问题,隐含了对夸张、虚构性讽刺叙事的独特性的辩护。对于这方面,穆旦曾在《不应有的标准》中对《文艺报》一九五六年第十二号上一篇针对相声《买猴儿》的不正当批判的反批评文章中做出过详细认真的阐述。穆旦在被迫公开"自我检查"的时候仍然在曲折地坚持,应该保留一些关于艺术自身的特质,他仍没有彻底推翻自己在"双百时期"对一些问题探索和思考的成果。人们可以看出:虽然穆旦在一九五七年发表的作品在现代诗艺的探索上不如四十年代的作品那样深入,在精神气质上不如七十年代作品那样具有震撼人心的"一代知识分子的命运寓言"的意味,但它们并不是简单的应景诗、口号诗,在其中混杂了深信与怀疑的书写中,在语言、形式的褶皱里,依然保留着另一种谨慎的探索——在规范的边缘上对规范本身质疑,为此穆旦付出了探索的代价——在创作上彻底消失。

一九八〇——一九九八,出版的穆旦作品

一九八一年年至二〇〇〇年出版的穆旦诗集、全集等作品

3. 穆旦的理想

从穆旦早年的诗歌中就能看出其受宗教情结的影响,从《圣经·创世纪》中得到启发,认识到人类在理想的诱惑之下才去追求智慧,而为了获得智慧是需要付出惨痛代价的。这样,在诗人的眼里,理想、智慧和苦难是密不可分的三位一体。为求得其中之一,其他两者即如影随形地接踵而来。

他在二十六岁写下《活下去》:

> 希望、幻灭、希望、再活下去,
> 在无尽的波涛的淹没中。

他清醒地认识到,旧的希望破灭之后,人会产生新的希望——若是没有了希望,人也就无法继续生存了。有时即使知道那希望不过是虚幻的、是假象,但还要相信它,便有了新的追求。纵观穆旦的一生,他就是在希望一个个破灭之后,又产生新的希望、新的追求,直至他生命的终点,人们也没看到他曾经绝望过。

穆旦的希望就是他对理想的追逐,自然随之而来的还有痛苦。在希望幻灭后,穆旦从未放弃进一步的探索和追逐,有人形容其为"受难者的智慧"。

自然,穆旦始终把自己置身于国家和民族当中,他总是想为解脱民族的苦难寻找一条出路。终其一生,穆旦没有放弃"一个民族已经起来"的浪漫情怀,但是他深知要实现这种梦想的艰难,甚至它可能只能是一种梦想。

穆旦在一九七六年所作的《智慧之歌》中写道:

但惟有一棵智慧之树不凋,
我知道它以我的苦汁为营养,
它的碧绿是对我无情的嘲弄,
我诅咒它每一片叶的滋长。

诗人苦难的经历,何尝不是中国那一代知识分子所走道路的缩影?因不能摆脱理想主义的诱惑,苦苦地追求着智慧,结果反而深深陷入苦难之中。

第六章 周氏家族文化的特色及其成因

◎

一、士大夫之家

历史学家一直探讨的一个问题是,中国历经艰辛——灾害不断,战祸频仍,多次被外族入侵,以至亡国——中华文明何以传承几千年而不坠?重要的原因之一就是,中华民族具有高度发达的文化,而中华文化有一个不可或缺的组成部分——儒家文化。儒家文化由孔子及其弟子奠定成型之后,经过历代统治者及哲学家、思想家的继承发展,形成了一套完整的思想、理论、道德、习俗体系,影响到中国人生活的方方面面。其感染力也波及周边国家的政治、经济和社会生活领域。在此不加赘述。

说到东至周家,不能不提到儒家文化。周家是个典型的以儒学为根基的中国士大夫家庭。

中国的士大夫产生于春秋、战国时代。那时,西周初年的封建贵族濒于崩溃,新兴的知识阶级参与到国家的政治活动中来,并且其重要性日渐增加。到了汉武帝"废黜百家,独尊儒术"之后,士大夫集团终于形成中国社会中一股必不可少的政治力量,而且儒学成为士大夫集团的理论基础。儒家学说在汉代传到古朝鲜,之后更上升成为"儒教",儒家经典就是儒教的"圣经"。儒教在韩国一直延续不断,中国改革开放之后,想要恢复久已失传的"文庙祭礼乐",还得向韩国学习——说起来是中国人的悲哀。隋唐以后,随着科举制度的完善,士大夫更是成为"士农工商"即所谓四民之首。自此,士大夫集团与最高当权者相互依赖、相互利用,成了彼此不可脱离的共生体。

士大夫阶级虽然谈理想讲气节,却也从不避谈功利主义,这是和儒家的处世哲学相一致的。孔子一向是主张用自己的知识、才能来治理国家,展现自己的理想,施展自己的抱负,以造福社会、人民。自然,对于具体不同的对象,这其中也有个人的出路、利益、荣华富贵等考虑,而这是儒家正统所不齿的。所以正途出身的官员重名甚于重利,非正途谋得官位的官吏求利重于惜名。

相对于老庄、佛教等哲学派别而言,儒家是入世的,是用世的。但是作为一个明智的士大夫阶层内的知识分子,入世、用世的同时也不必太执着。"合则留,不合则去",关键是要坚持自己的独立思想和自由人格。例如孔子就不断大胆地批评当时的政治,始终保持了一个教育家、思想家的独立人格,并没有沦为统治阶级的一员。

1."用世"的理想

自周馥与袁世凯、张之洞等人于清末上书清政府吁请废除科举制度之后,培育中国士大夫的气候和土壤已不复存在。于是,接受儒学教育的文化人就成了中国最后的一代士大夫,这其中自然也包括周馥等一批朝廷枢臣。他们恪守"仁义礼智信"的思想信条和"温良恭俭让"的行为准则,心中常有"礼义廉耻"作为警醒鞭策。士大夫集团作为一个整体要有一种特殊的儒家精神作为支柱,并非只会背诵几句"四书五经"就能够厕身其中的。

说起士大夫精神的林林总总,首先要遵从孔子的"君子固穷,小人穷斯滥矣"的原则,做到安贫乐道,不失节操。东至周家是恪守了这条原则的。例如,周馥在未遇贵人之时,安心摆摊写字、卜卦;一旦受到李鸿章的重用,有了"用世"的机会,他便全身心地投入到事业中去,无论是平时或战时,他都是兢兢业业,任劳任怨。几十年间,他从未向李鸿章提出加官晋爵等私人要求,最后成为方面大员,惠及一方,体现了"穷则独善其身,达则兼济天下"的儒家精神。

可是,当甲午战争失败之后,他主动承担责任,不推诿,不避责,自请辞职,也算是有担当的社稷大臣。后来清廷起用比他年轻的袁世凯为直隶总督,地位在自己之上,周馥毫无怨言地辅佐了袁世凯一段时间,真正体现了他的宽宏大量——甚至是海量。周馥一九〇七年致仕时是七十岁,那时官场上并没有规定退休年龄,而且那时周馥身体应该还算健康,但他适时归隐,急流勇退,毫不恋栈。

周馥晚年与民国划清界限,虽然在一般人眼里看来是有些迂腐,但是"从一而终"正是士大夫们所推崇的精神。

周馥四子周学熙的身上也体现了这种士大夫精神。他两度出任政府财政总长,以他出色的理财特长,整顿濒临破产的中国财政,致使靠借贷为生的北洋政府国库居然有了盈余,可谓是真正的医国之手。只可惜,袁世凯热衷帝制,很快把这一点钱都浪费在无聊的筹备帝制中去。

一九一二年的所谓"善后大借款"是当时解决国内财政危机、经济危机的唯一办法,可是国民党借此话题对政府大加挞伐,不了解内情的民众更是舆论汹汹,指责借款就是"卖国"。作为财长的周学熙明知这是个火炕,却不得不往里面跳,在他的主持下,完成了大借款,使政府渡过难关。周学熙受着内外双重压力,勇于负责,忍辱负重,颇有"苟利国利民,赴汤蹈火在所不惜"的大无畏气概。

一九一五年袁世凯意欲复辟帝制,周学熙多次向他进言,不要暌违大势,做有损国家的傻事。袁不听劝,反而加快称帝脚步,周学熙见自己无能为力,便避居北海,不再过问政事,决心不去趋洪宪之炎、附帝制之势,能得一个清白之身,可谓是"不为五斗米折腰"之典型。可见"用世"并不是驽马恋栈,而是要知进知退,适时进退,这样才不失大臣身份。

2. 独立人格之重要

最初的儒家是主张思想自由的,例如孟子提出"贫贱不能移,富贵不能淫,威武不能屈"的大丈夫理想。他还主张"民为贵,社稷次之,君为轻"的民本思想,是典型的自由主义思维模式。但是由于儒家的用世理念和对政治的过度参与,中国始终没有形成一个像西方那样的独立知识分子集团,尤其是长期以来"学而优则仕"的规则更是使学术依附于权力阶级。所以一旦政治、社会发生巨大变动的时候,中国的知识分子就要受到激烈的冲击——不管是资产阶级还是无产阶级的知识分子。一九四九年之后,一系列对知识分子的"思想改造"运动,使他们被强迫按照一个框架去思维,甚至被要求不要去思维——知识分子已经沦为一种特殊的工具。如果心存定力,处变不惊,尚能不致迷失;若是没有主见,随波逐流,甚至助纣为虐,难免会不辨黑白,动摇根基,失去自我。丁玲就是这样的例子,她一生追随"革命"不敢后人,反被"革命"压得遍体鳞伤,几经反复最后得以重新做人后,却还是不知道这"人"应该如何做法。

这种冲击,对属于从旧营垒过来的周叔弢、周一良父子更是毫不客气。

周叔弢本是儒商本色,但是新政权到来之际却不得不从政。所幸周叔弢还是懂得"明哲保身"的道理,孔子是"危邦不入",周叔弢是"退避三舍"。所以他一生致力于保持晚节,以一个"倾其所有,捐献国家"的藏书家而为后人称道。

周一良则没有其父幸运,用世过了头,几乎遭遇灭顶之灾。

周一良早年潜心学术,勤于治学,曾一度被认为是陈寅恪最有潜质的学术继承人。但是他后来昧于强大的宣传攻势,逐渐失去了定力,沦落成"驯服工具",游离于政治与学术之间,甚至想要厕身体制之内,最终对于强权几乎到了亦步亦趋,甚至卖身投靠的地步。

与周一良形成对比的最好例子就是陈寅恪。陈寅恪拒绝当局邀请他出任第二历史研究所所长的职务,他表明态度说,读书治学,只有挣脱世俗观念的桎梏,真理才能得以发扬。他提出不要先存马克思主义的见解去研究学问,这在那个年代的确是惊世骇俗之语。还有他拒见当朝权贵,当面诘问政要等事,令人觉得周一良与陈寅恪相差何止以道里计。这就是陈寅恪,绝无仅有的陈寅恪!还有与周一良属同时代的钱锺书(一九一〇——一九九八),钱锺书从未违心地批判过什么人,即使在那个人人需要表态的"反胡风"运动中。

当然,处于那种大形势之下,可供个人自由选择的空间极为有限,但也不是完全没有。例如,"文革"开始之初,中华书局曾经邀请周一良去参加《二十四史》的点校工作,但是他为了"参加文化大革命",竟放弃了这个机会,结果陷入派系斗争,被打得"死去活来""不亦乐乎"。尤其是"文革"后期,周一良和几个学术界"重镇"自愿参加了"梁效"写作组,违心地去"批孔"、赞颂"法家",完全沦为政治斗争的工具,实在是可悲之至。

"文革"中参与者是大多数,置身之外的也不少。一些人是过于热衷,过于想要"用世",结果落得身败名裂,这样的例子也很多。所以有时明辨是非,把头脑冷静一下是很有必要的。

二、徽州理学之家

东至周家也带有浓厚的徽州理学之地域特色。

安徽一省,特别是皖南徽州地区自然条件并不算好,境内山多地少,有所谓"七分山水一分田,一分道路和庄园"之说。徽州生存环境之严酷,以至人说"前世不修,生在徽州,十二三岁,往外一丢"。长此以往,徽州人要想走出穷山恶水,只有做官或是经商二途。经商者年纪轻轻便要自己出外打拼,因此徽州人极富进取精神。长期以来徽商渐成气候,与晋商南北相对,形成了全国"无徽不成镇"的说法。经商需要文化,做官更是要通过层层考试,所以徽州人特别重视教育。"十户之村不废诵读""三代不读书,好比一窝猪"说的就是这种好学之风气。多数的徽州商人赚够了钱财,往往转而向学,刻苦读书,把兴趣投向官场,哪怕自己不能做官,也要培养下一代迈入仕途。即使附庸风雅,也要沾一点儿书香气。《儒林外史》第二十二回中的万雪斋就是一个徽商的典型人物。所以徽商带有"儒商"的气质。他们虽然在商言商,却不是拜金主义。他们懂得义与利的分寸,重义轻利。他们重承诺,讲信誉,不求不义之财。徽商发达之后,显示出的是富而好礼,而不是财大气粗;是仗义疏财,而不是守财家奴;是扶危济困,而不是嫌贫爱富。

古徽州就是这样一个兼具儒、仕、商特色的地区。

其实唐代之前,徽州也多是"武劲之风";由于唐末黄巢之乱,中原大家阀阅、衣冠士族多有避难于此,居然教化一方,民风转而文雅——可见榜样教化力量之大。

徽州表现出的地域特色也与其社会结构有着密切的关系。由于徽州地理山环水绕,环境相对闭塞的特点,所以当地社会长时间以来基本上还保持着一种古老的宗法社会——这种原生态社会一直保持到民国时代。中国还有许多这样的社会结构的活化石,例如客家文化群体、闽南文化群体、岭南文化群体,等等。

宗法社会形成于西周,是礼、法兼顾的社会形态。宗法社会基层元素的突出特征就是以血缘关系为纽带而形成的族群团体。所以这种社会的基层中突显了"礼"的重要性,其表现在重尊卑,分长幼,重信誉,讲道德。之后,儒家学说的出现,"君君、臣臣、父父、子子"的一套纲常伦理更被宗法社会奉为圭臬。总之,"礼"几乎涵盖了政治、经济、价值观念、伦理规范、风俗习惯、意识形态诸多方面。以"礼"维系的社会看上去彬彬有礼,秩序井然,饶有人情味,但缺少了严格的法制制度有时难免会造成"情大于法"的现象,这是现代社会所要力求避免的。虽然明末以来商业在中国的发展对宗法社会的上层结构产生巨大的冲击,但是下层社会,尤其是一些偏远地区的社会形态仍然保持不变。

现代人说起"三纲五常""礼法社会",似乎觉得是绝对不能接受的。但是看看现今的社会秩序——夫妻关系不乏基于利益考虑,父母与子女的关系完全颠倒过来,啃老族不再难为情,人与人之间没有起码的礼貌,公共场合人们没有丝毫的顾忌——大声喧哗、随意咳唾、随处便溺……仿佛人们的廉耻心已经麻木。总之,旧的伦理的确被打破了,但是"破旧立新"之新并没有建立起来。

徽州自古以来儒学极为发达,这可能正是应了那句"人杰地灵"的说法。儒家学说演绎到了宋代成为程朱理学。程颢、程颐兄弟祖籍徽州(屯溪篁墩),朱熹祖籍婺源,所以徽州与理学结下深厚的渊源——何况那时程朱理学乃是被统治者推崇的正统思想。在徽州,理学特别是朱熹的朱子学说尤为盛行。朱熹提倡读书,他认为穷理之要在于读书,因此徽州一带文风极盛,读书成风。缙绅之家自编教材,由父兄教育子弟诵读。徽墨、歙砚、宣纸都出自安徽不是没有道理的。

理学注重宗族伦理概念,有"邹鲁之风",所以徽州社会宗族观念极重。徽州人大多聚族而居,诸姓无错乱,徽州一地,千年之家,不动一处;千丁之族,未尝散处;千载谱系,丝毫不紊;主仆之严,数世不改。在徽州,千年祖墓、千丁宗祠、千户乡村比比皆是。由于儒学的强大影响,其他宗教很难在徽州立足。故徽州无教门,不尚佛老。庙宇也很少见。

徽州一地妇女的贞节牌坊特别多,大多是为守节寡妇而立。这种贞操观念实际上也是基于宗法社会的需要,是为了保持本家族基因的纯洁性,因为寡妇改嫁势必会带来外族的血统。另外,徽州人出外经商的很多,一年之中只有三节(元旦、端午、中秋)回家团聚,其余时间都不在家,聚少离多,有"一世夫妻三年半"之谓。所以妇女的贞节是必要的,否则家庭必然解体。以今天的观念来看,提倡寡妇守节固然并不可取,但现今社会的性开放似乎又过了头,"二奶""小三"泛滥成灾,未婚先孕、婚外恋情比比皆是,离婚率逐年攀升,私生子越来越多。有些人只向西方国家性开放的一面看齐,却对人家于婚姻、家庭负责任的一面视而不见。所以,现在似乎应该重新对国人进行一下传统贞操观的教育。

古徽州人自觉地崇奉朱子之学作为指导社会伦理的纲常——因此朱子学又称"徽学"。

东至县邻近徽州,自然深受徽学文化的影响。其典型特征如下。

1. 重视教育

无数哲人说过,读书学习乃是使人不断进步的唯一手段,正如孔子所说,"学而时习之,不亦说乎"。从周馥开始,东至周家无不是勤学好问的学者,当然这也包括在实践中学习,例如周馥从未学过治水,但是他亲临实地考察摸索,终于积累了丰富的治水经验,在各地都有治理水患的政绩。

周家子弟大多是私塾出身,即使在现代学校几乎普及时也是如此。私塾大多从读经开始,不但教给孩子认字,而且重视思想品德和伦理教育,告诫孩子如何做人做事。所以教育之精髓是接受诚实,拒绝虚伪,像"文革"中那种"假大空"式的"教育"不是在感化青少年,而是在毒化他们。所以周家宁愿相信由儒家经典调教出来的青少年,比那些仅懂得说些漂亮话,喊些口号,或是懂得些数学、外语却不知如何做人的要可靠一些。

周学熙晚年在家里创办"师古堂",所谓"师古"者,是为了"笃守程朱,孝友传家,忠厚诗礼,勤俭耕读",简言之,就是回归儒家理想之意也。"师古堂"内还设立刻书局,刊印自选的经史子集经典,请名家宿儒讲课,教授自家子弟。周学熙与几个弟弟以身作则,亲自实践,每课必到,还交上自己的作业。在家长的带动下,周家的下一代也起而效尤,所以读书成风,求知若渴。

2. 勤俭持家

节约、俭朴实乃一种做人的美德,"物力维艰",这体现了对他人劳动的尊重,对大自然的恩赐的尊重,是与自然融为一体的表现。《左传》曰:"俭,德之共也;侈,恶之大也。"意为俭朴是所有美德的共通之处,奢侈是最大的恶行。古之君子多铭记此训。如宋朝司马光,为官四十年,从不营造私邸,不纳妾蓄妓,不收受贿赂,最后老妻病故,只好卖掉仅有的几亩私田葬妻,留给儿子的遗训道:"众人皆以奢靡为荣,吾心独以俭素为美。"正体现了"克勤于邦,克俭于家"的栋梁之臣的风度。

俗话说"由俭入奢易,由奢入俭难",东至周家长年经商,家里财产不计其数,但是周家人不忘本,始终保持勤俭本色,绝不招摇张扬。周学熙晚年只是一袭粗布衣裤,从未穿过绫罗绸缎;而且他从不饮酒,不沾荤腥。这对于一个巨富之家的大家长来说,不是一件容易做到的事情。

现在的人学会了西方人的消费观念,有一个,花两个,美其名曰"提前消费"。还有些身居高位者慷国家之慨,大把挥霍民脂民膏,大吃大喝,每年浪费在餐桌上面的粮食、钱财数目惊人。更有所谓"男人有钱即变坏"之说,用非正道得来的"孽钱"大肆炫耀,疯狂挥霍。而周家的男人腰缠万贯,却是自奉节俭,有钱多用来做慈善事业。这是因为他们心中有坚定的信仰,也是继承了新安理学的传统,参透了理与欲、心与物、义与理、道与德的真正意义之后才能做到的。新安理学强调天理为义,人欲为利,提倡正其义不谋其利,明其道不计其功的思想,士大夫以其为立身处世的准则。商人也是"贾而好儒",以"仁义礼智信"为商业伦理、家庭伦理、宗法伦理。

3. 乐善好施

徽州商人十分重视回报乡梓,回馈社会。东至周家也是如此。

早在清末年间,周家就在家乡建立"周氏敬慈善堂""建德医院",之后,又陆续创办"积谷所""医学传习所"等慈善机构。同时,周家不断捐赠大量钱物给诸多的慈善组织。新安理学讲究"知行为一",用现在的话来说就是言行一致,不要把理论停留在口头上,而要付诸实施。周家是落实了这一点的。慈善事业无疑是一个社会进步的标志,人们有了钱之后,是主动回馈社会,还是用于个人享受,是衡量一个社会成熟与否的试金石。自然,对于一个家族、一个家庭也是如此。

周家绵延近百年,所行善事车载斗量,留在民间的口碑也有耳皆闻。反观现在的奸商贪官动辄拥有几十套房产,还向海外转移资产,没有一点道德底线,更遑论什么中华民族的美德。旧道德熏陶下的周家,比那些披着"伟光正"外衣的新贵们不知高明千万倍。

中国自五四运动开始,仁人志士不断地摸索民族自强的道路,几经曲折——其中不乏血腥惨痛的实践——大多数人从惊涛骇浪、多彩缤纷中似乎悟出了一个道理,那就是儒家学说是适合中华民族的,有人将其形容为中华民族的文化基因。在当前信仰缺失的时代,儒家学说展现了其历久弥新的无穷魅力,也为重塑国人的信仰和道德提供了现成的精神支柱。

一种学说、一种理论不必去人为过度地提倡或禁止,最好交给人民与社会去检验。好的自然会经得住历史的考验,不好的、无用的自然会被淘汰。试想先秦诸子百家最后剩下来的还有几家?

五四运动时,许多激进青年提出"砸烂孔家店"的口号,殊不知当这些年轻人渐渐成长起来之后,他们理性地觉察出当年的无知与孟浪,便开始审慎地研究儒学到底有哪些是糟粕应该扬弃,哪些是精华应当继承。到了"文革"时期,某些别有用心的人,诸如陈伯达、戚本禹之流发动无知青年甚至儿童,对与孔子有关的一切采取了一概消灭的办法。北京师范大学的红卫兵头目谭厚兰带领一群暴徒将曲阜"三孔"(孔府、孔庙、孔林)一通乱砸,毁坏石碑千余块,文物六千余件,焚毁古籍十余万册。强权政治只能猖獗一时,思想家的宝库却永放光辉。

近年来随着人们理性的被唤醒,那种狭隘、偏执、妄想、狂躁的年代大概是不会再重现了。人们再次回顾、审视自己的历史时,发现自己正处在汹涌澎湃的世界化大潮之中。进步、开放、积极、向上的趋势是不可阻挡的,这是人类共同的价值观,但是洪流之中也会有小小的逆流。例如现代社会中传统的伦理法则逐渐解体,规范人们行为的道德观念也日见淡漠。于是,环境污染、食品安全、分配不公,以至许多非人性的行为成为人们日益忧虑的问题。社会矛盾逐步升级的当下,还是少唱些高调,少谈些理论,多做些实事,让我们民族的传统美德回归吧!

儒学在中国传承几千年,最后清末政权却落得破败不堪,到头来被西方国家的炮舰所攻破。于是有人怀疑儒学的价值到底如何。其实,这并不能说儒学本身不对——仔细想想:历朝历代的统治者有哪个真正地信奉过儒家思想?虽然他们也推崇儒学,不过拿它当作幌子——他们只是信奉了"民可使由之,不可使知之"的愚民政策,要求百姓们循规蹈矩,自己却胡作非为。哪个统治者真正实行了"民贵君轻"的理念?还不是"官本位"高于一切。又有哪个统治者摆正了理、欲之间的关系?还不是穷奢极欲,以至横征暴敛,逼得百姓活不下去,起来造反。至于说专制制度的弊病,正是由于统治者没有领会儒学的精髓、本质;而且专制制度长期盘踞中国有着极为复杂的历史、地理、周边环境原因,与儒学本身并无太大的关系。当然儒学也并非完美无缺,其中的确包含了许多过时的、落后的,甚至是腐朽的因素。但只要能够剔除糟粕,提取精华,儒学会再次在神州大地取得其应有地位的。

周家四代的兴衰经历,大致是一条由官至商,由商兼学的轨迹。虽然周叔弢后来弃商从政,不过是有名无实。周一良也曾想"学得文武艺,售与帝王家",可是又看错了对象,落得剪羽而归,不得不回归他的书生本色。伴随着周氏家族的始终是浓重的文化底蕴。从周馥的祖辈起,就是以耕读作为自己的本分,以后的一代一代莫不是把教育子女放在持家的首要原则。中国历史上,君子之泽五世而斩的比比皆是,而书香门第绵延数代的却屡见不鲜,从中人们看到的是,权力、金钱的嬗递往往凭借无据,而文化、德行的传承才是历久弥新的。

参考书目

1. 汪志国:《周馥与晚清社会》,合肥工业大学出版社,2004年版。
2. 姚抗:《周学熙传》,湖北人民出版社,2007年版。
3. 赵云声:《中国大资本家传》,时代文艺出版社,1994年版。
4. 周小鹍:《周学熙传记汇编》,甘肃文化出版社,1997年版。
5. 郝庆元:《周学熙传》,天津人民出版社,1991年版。
6. 杜运燮,袁可嘉:《一个民族已经起来》,江苏人民出版社,1987年版。
7. 易彬:《穆旦年谱》,中国社会科学出版社,2010年版。
8. 陈伯良:《穆旦传》,世界知识出版社,2006年版。
9. 周一良:《毕竟是书生》,北京十月文艺出版社,1998年版。
10. 周启锐:《载物集:周一良先生的学术与人生》,清华大学出版社,2003年版。
11. 周叔迦:《周叔迦集》,中国社会科学出版社,1995年版。
12. 周一良:《钻石婚杂忆》,三联出版社,2002年版。